人が死なない防災

片田敏孝
Katada Toshitaka

a pilot of wisdom

目次

第二章　津波を知って、津波に備える

――釜石高校講演録（二〇一〇年七月二日）――

第三章　なぜ、人は避難しないのか？

写真提供／群馬大学片田研究室
図表作成／テラエンジン

はじめに

　二万人近くもの死者・行方不明者を出した東日本大震災。私が一〇年近く通っていた岩手県釜石市でも、一〇〇〇人を超える方が津波の犠牲となってしまった。海溝型の地震に伴う津波であるがゆえに、残念ながら必ずその日が来る。しかし、避難さえすれば津波による犠牲者はゼロにできる。そんな思いを釜石市民に訴え続けてきたにもかかわらず、膨大な犠牲者を出してしまった。防災研究者として敗北を認めざるを得ない。

　しかし、膨大な犠牲者を出した釜石市にあって、多くの小中学生は自らの主体的な判断と行動をもって大津波から命を守り抜いてくれた。津波が彼らを襲ったとき、学校にいた子も、すでに下校していた子もいた。状況はさまざまであったが、子どもたちはそれぞれの状況のなかで、ただひたすら懸命に避難してくれた。

　あらためて考えてみれば、話は至ってシンプルである。過去何度もそうであったように、大きな地震の後には津波が来る。どんな津波が来るかはわからない。だから懸命に逃げる。

言ってみればこれだけのことである。子どもたちは淡々とそれを実践し、そして自らの命を守り抜いてくれた。

子どもたちの懸命な避難を導いたのは、釜石の小中学校の先生方である。津波警報が出ても避難しないことが常態化した家庭や社会に育つ子どもたちが、このまま「その時」を迎えたらどうなるのか、という私の問いかけに、先生方は防災教育の必要性を感じ取ってくださった。子どもは、与えられた環境の下で自らの常識や行動規範を形成する。そして、避難しない環境に育った子どもたちを、いつの日か津波が必ず襲う。先生方は、その事実に気づかれたのである。

私の問いかけに始まった釜石の防災教育は、子どもたちに生き抜く力を与えることに主眼が置かれた。阪神・淡路大震災以降、各地で進んだ防災教育は、被災後の助け合いの精神や、人と人との絆《きずな》教育に重きが置かれた。人の優しさに触れ、人と人との絆の重要性を認識させることは、人として生きるうえで重要な教育であり、被災後の厳しい環境にあって、特に顕在化する助け合いの精神は恰好《かっこう》の教育素材となろう。しかし、これらは生き残ったうえで成り立つことであって、防災教育のファーストプライオリティではない。

東日本大震災を経て、今の日本の防災に求められることは、人が死なない防災を推進することであり、それこそが防災のファーストプライオリティだと考える。この考えに立つとき、完璧ではないにせよ、ひとつの成果を示した釜石の防災教育は、日本の防災に重要な視座を与えてくれる。

本書は、釜石の防災教育とその背後にある問題意識を紹介するためにまとめたものである。基本的な考えを整理し直してまとめる方法も考えたが、あえて、東日本大震災前後の講演録を再構成する形でまとめた。このような形でまとめ上げることで、東日本大震災以前に私が何を問題と感じていたのか、そしてそれをどのように地域防災に反映させようと試みたのかをおわかりいただけると思う。

以下、本書の構成を簡単に紹介する。

第一章　人が死なない防災——東日本大震災を踏まえて（二〇一一年一〇月二日、沼田市防災講演会での講演をもとに構成）

東日本大震災以降の講演会では、このたびの震災がなぜ二万人近い死者・行方不明者を出してしまったのか、その背景にあるわが国の防災の問題点について私の考えを紹介するとともに、このときの大津波から生き抜いた釜石市の児童・生徒の主体的行動、そして当地で取り組んできた津波防災教育について紹介している。本章はその一例として、群馬県沼田市で一般住民の方々を対象とした講演会の記録をもとに構成した。

東日本大震災にみるわが国の防災の課題や、釜石市で取り組んできた防災教育の思想は、地震や津波に限らず、豪雨災害などすべての事象に共通していえることである。群馬県では、一九四七年のカスリーン台風以降、大規模な自然災害は発生しておらず、「災害に対する安全神話」というべきものがはびこっている。そういった、歪んだ安全神話を打破すべく臨んだ講演録でもある。

第二章　津波を知って、津波に備える――釜石高校講演録（二〇一〇年七月二日）

東日本大震災の約八カ月前、防災講話の講師として招かれた岩手県立釜石高校での講演会の記録である。地域の未来を担う高校生たちに、津波現象に関する一般的な知識、災害常襲地域で悲劇が繰り返される理由、そして津波をはじめ災害常襲地域に住まう条件について語った。震災以前の、私の津波防災についての考え方を紹介するにはよい例と考える。

第三章　なぜ、人は避難しないのか？（二〇〇五年一二月七日、社団法人システム科学研究所主催防災シンポジウムでの講演をもとに構成）

東日本大震災以前は、津波警報が発表されても避難率が低調にとどまることが指摘されていた。なぜ、人は避難しないのか。その心理的背景について分析すると、災害時のみならず、あらゆる危機に備えられない人間の性《さが》ともいうべきものが明らかになってくる。本章では、災害情報に関わる防災シンポジウムでの講演をもとに、二〇〇三年宮城県沖地震での津波避難に関する調査からみた災害時に避難できない住民の心理特性、また、避難できない心理を超えていかに避難できる住民と成すか、その取り組みの一環として開発してきた災害総合シナリオ・シミュレータを用いた防災教育とその効果について紹介する。

第四章　求められる内発的な自助・共助――水害避難を事例に（二〇一〇年八月二七日、平成二二年度茨城県砂防協会講演会での講演をもとに構成）

わが国の防災は、これまで災害対策基本法に基づき行政主導で行われてきた。しかし、東日本大震災をはじめ、昨今のゲリラ豪雨や台風による豪雨災害など、既往の災害規模を念頭においた行政主導の防災対応では限界が生じてきている。このような状況下で、わが国の防災はいかにあるべきか。本章では、砂防関係者を対象とした講演会での内容をもとに、水害避難を事例として、住民一人ひとりに求められる内発的な自助・共助意識について述べるとともに、そうした意識の醸成を目指した取り組み事例について紹介する。

なお、釜石で防災教育の取り組みを進めていくにあたっては、当初より、釜石市役所、釜石市教育委員会の皆様に、小中学生への津波防災教育の必要性をご理解いただき、多大なるご協力をいただいた。この場を借りて、厚く御礼を申し上げる次第である。

そして、先述したように、釜石の小中学校の先生方が、津波防災教育の取り組みの趣旨に賛同し、私と同じ目的意識をもって子どもたちへの防災教育の取り組みを実践していただいた賜《たまもの》である。先生方に最大限の賛辞を送りたい。

そして、釜石の小中学生は、自らの命を守り抜くだけでなく、周りの大人やお年寄りなどの命をも守ってくれた。しかも、「そういう教育を受けてきたし、取り立ててすごいことを成しとげたわけではない」とまで言いきる子どもたちを見て、ここまでたくましく育ってくれたことを喜ばずにはいられない。彼らにも最大限の賛辞を送るとともに、これからは釜石復興の原動力として彼らの力が最大限に発揮されることを願ってやまない。

最後に、我々群馬大学の研究室プロジェクトとして釜石の防災教育に共に取り組んできた研究室スタッフにも、深く感謝する次第である。

第一章　人が死なない防災

——東日本大震災を踏まえて

1 「安全な場所」はどこにもない

安全神話の誤認

二〇一一年三月一一日に、あの大津波災害が発生しました。

我々にとっても、皆さんにとっても、本当に「想定外」と言いたくなるような事態であっただろうと思います。私自身、防災の研究者であり、これまで多くの災害の現場を見てきましたが、ここまでひどい災害は初めてでした。私がこんな言葉を使ってはいけないとは思いつつも、思わず「想定外」と言いたくなるような状況が、そこにはあったということです。

東日本大震災での津波災害の現場の話は追い追い述べていきますが、その前に、私はあえてここで、注意喚起をしておきたい。そのために、私が現在暮らしている群馬県のことを例に挙げたいと思います。

私は一九九五年に群馬大学に赴任しましたが、当初から、県民の意識調査を何度か実施してきました。そこからわかるのは、群馬県民は、「群馬は災害が少なく、安全な場所だ」という大変な誤認をしているということです。

あえて申し上げますが、それは誤認です。

確かに群馬県は、一九四七（昭和二二）年のカスリーン台風以降六〇年ぐらい、大した災害はありませんでした。また古くは、あの関東大震災でも大丈夫だった。そんな中で、県民の間に一種の安全神話が醸成されて、今日に至っているわけです。

重ねて申し上げますが、この安全神話については全否定させていただきます。

そもそも群馬県は自然豊かなところです。自然が豊かということは、自然の恵みがいっぱいあるということ。風光明媚《ふうこうめいび》な景色、温泉、山の幸等々、大変よいところであることは間違いない。ただ、自然に思いきり近づいているということは、時に、自然の大きな振舞いに直面するということです。すなわち、自然に近づくということは、その恵みに近づくと同時に、その災いにも近づくということなのです。恵みも災いもまったく等価、同じです。ただ幸いにも、災いのほうがここ六〇年ぐらい起こっていないということにすぎません。

でも、考えてみてください。自然の営みというのは、一〇〇年とか二〇〇年とか、そのくらいの間隔で見なくてはなりません。ということは、ここ六〇年ぐらい災いがなかったからといって、「群馬は安全だ」と断じることは正しい理解でしょうか？　明確に違います。

防災は「一〇〇年確率」

災害が少なくなってきた一つの背景には、さまざまな防災対策が進んだということがあります。

治水を例にとって考えると、おおむね一〇〇年確率――一〇〇年に一回降るか降らないかの大雨でも大丈夫なように、堤防などの整備を行っています。それが、日本の防災レベルです。そういう防災が進んできたおかげで、水害の件数が少なくなっていることは事実です。

この「一〇〇年確率」ということについて、少し考えてみましょう。

一〇〇年という時間は、最高の長寿でおおむね一〇〇年と考えれば、人一人の一生ということになりますが、世代間で考えて、結婚して第一子が生まれるのが二五歳から三〇歳くらいとすると、一〇〇年というのは三世代ないし四世代にまたがる時間、ということになります。

そうしますと、自分を中心にして父親、祖父、曾祖父とさかのぼって、その間にあったかなかったか。これが一〇〇年確率ですね。そして、曾祖父の世代にまでわたって災害がなかったということであれば、我々の感覚からすると、イコール「(この地域に災害は)ない」ということになってしまいます。

こう考えてくると、どうでしょう。あらためて、私は問いかけたい。群馬県は安全でしょうか。自然災害が少ないところでしょうか。違います。そして、これは群馬だけの話ではありません。日本中どこにでも該当する話です。「ここは災害の少ない地域だ」と思い込んでいる地域の方も、ぜひ、これを機会に意識を改めていただきたい。まず、そのことを警告として申し上げておきます。

激化する気象災害

今までは「ない」と思い込んでいたようなことが、起こるかもしれない。それを裏づけるような状況を、いくつか紹介したいと思います。

ここのところ、自然災害が本当に多発しています。特に激しいのは、気象災害です。東日本大震災からおよそ半年後に、日本列島を台風一五号が襲いました。この台風は、動きも変でしたが、何よりも注目していただきたいのは、九州・四国の南海上で勢力を増して、一日ちょっとの間に、九四〇ヘクトパスカルまで急激に発達していることです。普通、台風というのは、日本列島に近づくにつれて勢力が小さくなってくる。ところが、この台風一五号は、日本列島に近づくにつれて勢力を強めたのです（図1）。

これは何を意味するのか。答えは簡単です。地球温暖化の影響で、日本近海の海水温がかなり高くなっているのです。

二〇一一年九月の海面水温の月平均を気象庁のデータで調べてみたところ、三陸沖の北緯三八度付近まで海面水温二五度のラインが来ていました。また、九月の平年値との差を見たところ、関東の東から北へ行くほど、一度～二度以上、平年より海面水温が高いことがわかりました。台風というのは、二六度ないし二七度の海水温で発生するといわれています。二六度から二七度で台風が発生するとなると、太平洋の日本近海は、みな発生域です。だから、サンマも来ないし、サケも下りて来ない。私は、津波防災の関係で釜石と根室に通っていますが、根室の漁師さんが「見たことのない魚が獲《と》れるんだよ」などと不気味がっておられました。海水温が変わってきているために、そういう現象が起こっているのです。

その結果、台風が発達しながら日本へ近づいてくる。もしくは、勢力を保ったまま近づいてくる。それが台風の最近の動向です。

二〇一一年の台風一五号は、総雨量一〇〇〇ミリを超えるような雨を観測したわけですが、さらに驚くことに、その少

図1

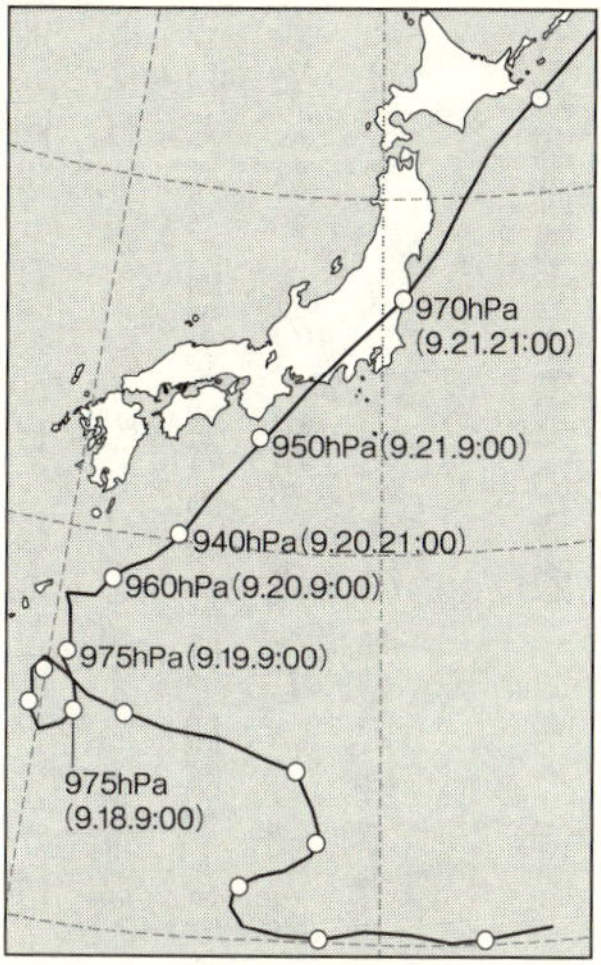

し前、同年八月三〇日から九月四日にかけて襲来した台風一二号のときには、紀伊半島を中心に軒並み一〇〇〇ミリを超えるような雨があちこちで降り、奈良県の上北山村では二四〇〇ミリ（国土交通省の雨量計で観測）という雨が降っています。カスリーン台風が関東に襲来したときの、記録に残っている最大雨量は、群馬県に限るなら赤城山を中心に四四〇ミリですから、じつにその五～六倍です。

「首都圏直撃大水害」の危険

これだけの雨が降ると、当然、土砂災害が起こるわけです。それも中途半端なものではありません。紀伊半島で起こった土砂災害では「土砂ダム」ができてしまいました。

通常の土砂災害というのは、地表面の土砂が五メートルぐらいの深さで滑るぐらいのものですけれども、一〇〇〇ミリを超えるような雨が降ってきますと、深層崩壊といって、通常よりもさらに深いところまで水が入っていき、地下八〇メートル、一〇〇メートルというようなところからゴッソリと土砂が滑る。これはもう、山体崩壊に近いものです。

今見えている山が、根こそぎ落ちてくる――そんな感じを想像してください。当然、土砂は川をふさぎます。河道が閉塞《へいそく》し、土砂ダム、つまり天然ダムができる。それが一杯になって決壊するような状況になると、とんでもないことになるわけです。土砂ダム、天然ダム、それから深層崩壊。このようなキーワードが使われるようになったのは、ごく最近のことです。

ちなみに、二〇一一年の台風一二号のとき、前橋地方気象台の資料によると、群馬県では榛名《はるな》で七三〇ミリの雨量を記録しています。カスリーン台風のときの四四〇ミリをしのいでいるわけです。伊勢崎では四四〇ミリ、藤岡でも四二五ミリ。結構な数字が出ています。昔であれば、「カスリーン台風の再来」といわれてもおかしくありません。

昔に比べて「一〇〇年確率の防災」が進んできているおかげで、七三〇ミリの雨が降っても、なんとか災害へ発展することを免れているというのが現状です。ただ、七三〇ミリにとどまったからいいものの、それが、一〇〇〇ミリ、二〇〇〇ミリなどという雨量になったらどうだったでしょうか。現に、紀伊半島ではそういう雨が降っています。それが他の地域——例えば群馬県で降ったとするならば、何が起こるかは火を見るよりも明らかです。群馬県内では、かなりの壊滅的な被害が出るでしょう。それのみならず、この水が川を下って、東京に向かってドーッと流れ込んでいき、首都圏直撃の大水害をもたらす。そうすると、もう国家的災害という規模になってしまいます。

そういう大変な状況の足音が、確実に近づいてきているのです。

台風の巨大化

あちらこちらで「ゲリラ豪雨」と呼ばれる現象が起きています。

ただし、ゲリラ豪雨は局地的ですから、被害はあくまで狭い範囲に限定されます。

ゲリラ豪雨よりもはるかに心配なのが、台風に伴う広域的な大雨です。これは、台風の巨大化によってもたらされます。地球温暖化が進むと、ゲリラ豪雨が多くなると同時に、台風が巨大化するといわれています。

ところで、「地球温暖化が進むと、台風が多くなる」というイメージがあるかもしれませんが、じつは、違うんですね。

二〇世紀末の気候の再現実験によれば、全世界で発生している巨大熱帯低気圧、つまり台風（ハリケーンやサイクロンも含む）は、だいたい一年間で三八個ぐらいです。そのうち、過去の伊勢湾台風のような、最大風速が四五メートルを超えるような巨大なものはだいたい三個です。

ところが、今世紀末、二一〇〇年頃の地球温暖化の影響を試算したデータによると、台風の数は、三八から三〇に減ります。ただし、最大風速四五メートルを超えるような巨大な台風は三個から六個に増える（「平成一九年度 国土交通白書」）。つまり、台風の数は減るけれど巨大台風の数は倍増するというイメージです。

考えてみると、二〇一〇年の台風は、一四号までしかいきませんでした。でも、私が子どもだった頃には、「台風三十何号」というのがあったのを覚えています。一四個というのは、台風の数としては史上最少です。ところが、一個一個が大きく、なおかつ列島直撃型が多くなっているため、大きな災害につながってしまう。そういう構造にあるわけです。

災いは着実に近づいてきている

もともと、台風というのは赤道あたりで発生するというイメージですね。ところが、赤道あたりでは、地球温暖化の影響で台風が発生しづらくなっているのです。どういうことかというと、台風は、地表面が暑くて上空の空気が冷たいときに上昇気流が起こり、対流ができることによって発生します。ところが、赤道あたりはあまりにも暑くなってしまっているものだから、下から上まで、全部暖まっている。そうすると、対流のメカニズムが失われてしまって、台風は発生しづらくなる。それで発生個数が減るわけです。

しかし、日本列島周辺の海面水温が上昇しているため、ひとたび台風が発生した場合は、勢力を保ったまま、もしくはさらに勢力を増しながら、日本へ向かって上がってくる傾向が強くなる。したがって、かつては「台風銀座」といわれた九州~四国~紀伊半島のあたりは、もはや台風銀座ではなくなりつつあります。これからの台風銀座は、紀伊半島から関東にかけてになってくるだろうと思われます。

もう一度、群馬を例に述べます。

まさしく近い将来、私は巨大な台風が関東一円を通過していくだろうと考えています。台風一二号のときは、榛名で局地的に七三〇ミリという雨量がありましたが、今度は、もっと全域的に大雨が降る事態が想定されます。そうなってくると、これはもう群馬だけの問題ではありません。先ほども述べたように、この水が全部川に入って、どこに行くかといえば、東京に向かっていく。では、現状でどの程度の治水ができているのか。確かに利根川の防災は、全国でもトップクラスです。一五〇〇年確率、二〇〇年確率の降雨水準で整備されています。それくらいの、かなりの規模の堤防が整備されているわけですが、それが二〇〇〇ミリクラスの雨量に耐えられるという保証はどこにもないのです。

私は現在、大学で「広域首都圏防災研究センター」を立ち上げて、センター長に就いています。つまり、群馬の安全を確保することは、すなわち首都圏の安全を守ることなんだということを、あえて「広域首都圏」と名づけることによって強調しているわけです。

このように、台風の巨大化ひとつをとっても、いわゆる「安全神話」を一刻も早く捨てて「想定外」に備えなくてはならないことが理解できます。災いは、絵空事ではなく、着実に近づいてきている。そういう認識をおもちいただきたい。

次節からは、これまでの想定を超えるような災害にどう備えるかということを、東日本大震災を踏まえながら、述べていきたいと思います。

2　釜石市の子どもたちの主体的行動に学ぶ

津波は「海からの大洪水」

私は防災、その中でも災害情報と住民避難の問題を研究しています。

津波というのは、地震が起こってからの限られた時間で、どういう対応をするかによって犠牲者の数が決まってしまいます。したがって、災害情報を研究する者にとって、最も重要な災害といってもいいのが津波なのです。

あらためて、東日本大震災について見ておきたいと思います。

今回の震源地は宮城県沖ですが、要は、三陸沖から茨城県沖にかけて、南北約五〇〇キロ、幅約二〇〇キロにわたって震源域が形成されたわけです。揺れが非常に長く続いたのは、いっぺんにバーンと破壊したわけではなく、約五〇〇キロもの広い範囲が、徐々に破壊されていったからです。それに要した時間が、約二〇〇秒。ということは、三分以上です。つまり、地震がそのくらい長く続いたということです。

私はあの日、講演会のため八戸《はちのへ》にいました。本当に大きな揺れでしたが、何よりも、揺れの長さに驚きました。地球が割れてしまうんじゃないか、日本も沈んでしまうんではないか、と思うぐらいの揺れが、長時間にわたって続いたわけです。

そして、こんなにも広い領域で海底地盤が持ち上がったために、その上にある海水も、すべて持ち上げられた。その水がそのまま陸地へなだれ込んできたのが、今回の津波ということになります。

津波というと、単に「大きな波」のように思いがちでしたよね。例えば、葛飾北斎《かつしかほくさい》の浮世絵で富士山と一緒に描かれている、大きな波。そんなイメージではありませんでしたか？

しかし、震災後に流れたいろいろな映像を見て、「ちょっとこれは違うな」と感じた方が多いと思います。「海水が持ち上げられた」といいましたが、実際に海水面が一気に一〇メートルぐらい上がるわけです。そして、水位が上がった状態のまま、陸地に流れ込んでくる。いわば、「海からの大洪水」というイメージです。

では、海からの大洪水と川からの大洪水は、どう違うのか。

川の洪水というのは、こう言ってはなんですけれども、所詮《しょせん》、水の供給源は川であって、つまり、限度があるわけです。堤防が切れて、川からの水がそのまま流れ出て洪水が起こっても、川幅以上に広く堤防が切れることは、あまりない。

ところが、海からの大洪水は違います。海は、無尽蔵の水をもっています。ですから、まったく水の供給量を絶やすことなく、内陸四キロだろうが五キロだろうが、陸地が海水面と同じ高さになるまで、容赦なく水を満たそうとするわけです。いってみれば、被害にあった地域では、深さ一〇メートルの濁流の真ん中に家が建っていたようなものです。耐えられるわけがありません。

津波とは、それほどに恐ろしい破壊力をもっているのです。

「その時」の釜石

これから、私が通っていた釜石について述べていきます。

釜石の市街地は、海とほぼ同じ高さの低い土地が、幅にして五〇〇メートルぐらいある

写真1

でしょうか、ずっと続いていって、突き当りが断崖絶壁のような崖になっています。この、わずかな平地に市街地が展開していて、いちばん奥に市役所があります。市役所だけは、五メートルぐらい盛り土がしてあって、その上に鉄筋コンクリートの建物が建っている。周辺の人たちはみんな市役所に逃げ込みました。

私は、震災直後に釜石市の市街地に入りました。市役所周辺はあっという間に濁流に呑《の》み込まれ、家も車も、何もかも流されていました（写真1）。

この釜石市役所周辺の市街地は、釜石小学校の校区でした。地震が起きたとき、釜石小学校は、自宅に子どもたちを全部帰していました。つまり、小学校一年生から六年生まで、ほとんどの生徒が、濁流に呑み込まれた地域に帰っていたわけです。ある者は海に釣りに行っていたり、またある者は家にいたり、公園で遊んでいたり。そんな状況の中で、釜石小学校の生徒は一人も亡くなっていません。限られたわずかな時間で、よくぞ生き延びてくれたと思います。ほかにも、釜石市内の一四の小中学校、約三〇〇〇人の子どもたちが、あの大地震、大津波から生き抜いてくれたのです。

私は、震災直後に釜石に入ったわけですが、住民の方々からは「よく生き残れたと思う。神様か何かのご加護があって、やっと生き延びたんじゃないか」というような、本当に命からがら生き残ったという話ばかり聞きました。

それはそうです。私たちは、生き残った人からしか話は聞けません。まさに九死に一生を得た、「一生」の話しか聞くことができないのです。

しかし、本当に話を聞きたいのは、「九死」の例になってしまった方々です。その方々の話は、永遠に聞くことができません。

大津波は「想定外」ではなかった

私が釜石の子どもたちにどういう話をしてきたのか、どういう教えをしてきたのかについて紹介する前に、防災というものをどう考えるべきなのか、また、日本の防災は何が間違っているのか、その点について述べたいと思います。

東日本大震災については、「想定外」という言葉がたくさん使われました。「想定外」がキーワードとして使われたわけです。

しかし、本当に想定外だったのでしょうか。想定外という言葉の裏側には、「想定外だから仕方がない」というようなニュアンスが隠されているように思えてなりません。果たして、想定外で片づけていいのだろうか。私はそうは思いません。

「想定外」という言葉を、もう一度、精査したいと思います。想定外というのであれば、では、想定とは何なのか。ここから考える必要があります。

例えば、関東平野はどうやってつくられましたか？　利根川や荒川の大氾濫です。学校で習ったと思いますが、平野の形成は川の氾濫によるところが大きい。その川の氾濫による平野形成の場に人がいたならば、それすなわち被災となるわけです。自然を相手にする以上、そのくらいの規模のことが時として起こりうる。これは事実としてわかっていることだと思います。つまり、「想定内」ということになります。

日本近海での歴史上最大級の津波災害は、一七七一（明和八）年の明和大津波です。八重山《やえやま》諸島一帯を襲った大津波で、石垣島での最大遡上高《そじょうだか》が八五・四メートルとされています。石垣島では、八〇〇〇人以上が亡くなりました。また宮古島市の下地島《しもじしま》では、陸上に「帯岩」と呼ばれる津波で運ばれた巨大な岩塊が残っています。サンゴ礁でできていますから、明らかに海由来のものです。こういう史実が厳然とあるのですから、東日本大震災の大津波を「想定外」と呼ぶことは、明らかに間違っているのです。

「想定」とは何を意味するのか

しかし、ここで問題が生じます。では、八五メートルの巨大津波が来たら、どうすればいいのか。あるいは、浅間山が大噴火して利根川が火砕流や土石流でせきとめられてダム化し、それが破堤して関東平野に大洪水が発生したらどうすればいいのか。

答えは、「打つ手なし」です。そうでしょう。際限のない大災害を「想定する」ことは、無意味なのです。無意味だから何もやらなくていい、といっているわけではありません。ただ、「諦めるよりしようがないこともある」ということを申し上げたいのです。

例えば、巨大な隕石《いんせき》が地球を目指して飛んできている。あり得ますよね。どうしましょうか。どうにもできないですね。「巨大隕石に対する防災はどうする」といっても、どうしようもないわけです。

では、「防災」をどう考えたらいいのか。

一般にいう防災とは、ひと言でいえば、「防御の目標を置く」ということです。これくらいまでの規模の災害からは守ろうよ、という目標を置くわけです。

洪水の防災は「一〇〇年確率」である、と述べました。一〇〇年に一回降るか降らないかの雨を想定し、それを目標にして、それぐらいの雨でも大丈夫な地域にしておこう、ということです。ここでの防災というのは、あくまでも「想定する」ことであるわけです。

しかし災害というものは、防災の基準のレベルを超えてくるから災害になるのです。だから、あらゆる災害は「想定外」であるともいえるわけです。

ですから、想定外だとか想定内だとか、それはいったい、どういう意味合いの「想定」

でものをいっているのか、ということです。相手は自然なのだから、あらゆる事態は想定可能という意味での「あり得ることとしての想定」なのか。それとも、一〇〇年確率というモノサシに基づいた「防災行政における想定」なのか。

防災行政を行う側が何をどう考えるべきかが、重要になるわけです。人間の力で、どの部分までをコントロールしようとしているのか。次はそれについて考えてみましょう。

巨大防潮堤のジレンマ

雨の場合は一〇〇年確率、という話をしました。雨は頻繁に降りますから、一〇〇年確率の雨がどの程度のものなのか、水文学《すいもんがく》の知識を使って計算することができます。

ところが、津波はどうでしょうか。津波は、雨とは違って、滅多に起こらない現象です。そのため一〇〇年確率などという計算はできません。したがって津波防災の場合は、「確かな記録に残る過去最大級の津波」を指標にするわけです。

三陸地域では、一八九六（明治二九）年に、いわゆる明治三陸津波があり、約二万二〇〇〇人が犠牲になりました。田老村《たろうむら》（現・宮古市田老）では、住民一八五九人が亡くなりました。生存者のほとんどは沖合に出ていた漁師たちです。そして当時の釜石町では、人口六五二九人のうち、四〇四一人が亡くなっています。当時の地域のイメージからすると、ほとんど全滅といっても過言ではありません。

それ以降、三陸地域では、この明治三陸津波を想定して防災を推進してきました。住民が全滅するような大津波を「想定」していたわけですから、それはそれはすごい防災です。

例えば、田老にある防潮堤は、一九三四（昭和九）年から着工して、一九七八（昭和五三）年に完成しました。期間の長さが示すように、空前の大工事です。高さ一〇メートル、総延長二四三三メートル。近くの家から見ると、本当に見上げるような巨大な防潮堤が、エックス字型に二本入っている。それは「万里の長城」と呼ばれていました。

私は以前、この防潮堤の近くに住む老人と話をしたことがあります。「おばあちゃん、ここ、大きい津波が来ると言われているよね。おばあちゃん、ちゃんと逃げるようになっている？」と聞きましたら、「いやー、昔は難儀した。明治三陸津波も昭和の津波も難儀したけど、今はおかげさんでなあ、この大きい堤防を造ってもらってなあ」とおっしゃった。私が「おばあちゃん、だめですよ。これ、高さ一〇メートルですからね。昭和三陸津波は高さ一〇メートルだったけど、明治三陸津波は一五メートルだったんですよ」と言ったら、「でもな、アンタさん。そうは言うけど、ここの防潮堤に上がって見んさい。向こうにもう一本、同じもの（防潮堤）がある。これを二つも越えてくるような津波が来るときには、まあ、その時は死んだじいさんが迎えに来たということやな」と。私は、今回の津波でも、あのおばあちゃん、おそらく逃げなかったのではないかと思います。

現に、東日本大震災では、この防潮堤があるからといって、避難しなかった住民がいました。そして、多くの方が亡くなりました。

震災後、田老に関する記事に、こんな一節がありました。

「日本一の防潮堤」「万里の長城」——。住民たちは、そう呼んで信頼を寄せていた。（中略）防潮堤は安心のよりどころだった。「防潮堤があるから」と逃げ遅れた人も多かったのではないか。

（「朝日新聞」二〇一一年三月二〇日）

防潮堤は、何のために造ったのでしょうか。住民の命を守るためです。ところが、これに頼りきって逃げなかった住民がおり、その結果、命を落としたのです。

低下した防災意識

釜石には、「湾口防波堤」という、世界一の防波堤としてギネスブックに載っている、巨大構造物がありました。この「湾口防波堤」は、一九七八(昭和五三)年に着工し、二〇〇九(平成二一)年に完成したばかりでした。総工費は一二〇〇億円以上です。海底六三メートルから立ち上げていて、水面上の数メートルをあわせると、じつに七〇メートル級の堤防です。これを、釜石湾の入り口を塞ぐようなかたちで張り巡らせた。釜石市民一人当たり三〇〇万円くらいの大金を投じて、このような巨大な構造物を造ったのです。

そして、この防波堤ができて以降、田老と同様に、釜石市民の防災意識は低下してしまいました。

私が釜石で防災講演会をやったときのことです。講演会が終わり、会場を出てロビーに行きますと、地元の住民の方が私に詰め寄ってきました。「先生、群馬の山の中から出てきて『津波がこわい、津波がこわい』って、もういいかげんにやめてくれんか」と言うのです。

「せっかくこんな湾口防波堤ができて、我々もやっとこれで心穏やかに暮らせると思ったのに、先生が来て『津波がこわい、津波がこわい』と話をする。まあええかげん、そんな話をするのはやめてくれんかいな」と、面と向かって言われたのです。

正直、そのときはめげそうでした。いったい誰のために、津波防災の話をしにきているんだと。それでも、私は言い返しました。

「湾口防波堤は、明治三陸津波を想定して造られたものですよね？　でも、この次の津波が明治三陸津波よりも大きかったら、越えてきてしまうでしょう？　こういうものを造ったとしても、津波が来たらやはり逃げなければだめだし、何よりも、防波堤ができたから安心だ、とそういうふうに判断されるあなたが危険なんですよ」

しかしその住民の方は、「世界一のものを造ってもらっているのに、それでもまだ心配しながらこの地に住んでいかなきゃならんのか!?」と言って帰っていかれました。私は、あのときのことを今でも鮮明に覚えています。

写真２

「想定を上げる」ことが本質ではない

田老も釜石も、いかに巨大な構造物を造って防災をやってきたかということを、おわかりいただいたと思います。では、東日本大震災の津波で、それらの巨大構造物はどうなったか。

田老地区を襲った津波は、過去最大だった明治三陸津波の高さ一五メートルを超えました。高さ一〇メートルの「万里の長城」は津波に易々と乗り越えられてしまったのです（写真２）。また、釜石の湾口防波堤も、ずたずたに破壊されました。

これらを見て、「想定が甘かった」とする声があります。想定が甘かった？　そうでしょうか。だとしたら、その先にどういう議論が出てくるのか。甘かった想定を見直して、もっと大きな堤防を造ればいい……

こういう議論になっていくわけです。

これは明らかに間違っています。いったい、どれだけ巨大なものを造ればいいと思っているのか。「想定」を際限なく上げることが本質なのか。違いますよね。

例えば、公共事業費という側面から考えてみてください。東日本大震災の津波は、一〇〇〇年に一回の大津波といわれています。つまり、一〇〇〇年確率です。「想定が甘かった」のであれば、今回の津波を教訓として、日本の沿岸部すべてに、一〇〇〇年確率の津波に対応できる防潮堤や防波堤を造らなければならない。本当にそんなことができますか？　日本列島の沿岸部を、日本地図のとおりに、巨大なコンクリートの壁で囲まなくてはなりません。そんな国土に住みたいと思うのか。それ以前に、そんな財源がどこにあるのか、いつできあがるのか、ということです。そんなことは、到底できるものではありません。

「災害過保護」状態の住民

再び、治水の話をしましょう。

一〇〇年確率で治水整備を行った結果、その進捗は完全ではないものの、水害は全国一律で少なくなりました。

一〇〇年確率の治水を行うとはどういうことかというと、そのレベルでおさまるあらゆる水害、すなわち小規模な水害、ごく限られた区域だけが水に浸《つ》かる程度の水害が、ほぼ全部なくなるということです。

我々にとって、それは幸せなことです。しかし、その反面、失われてしまったものもあるのです。

昔は小さな水害があったおかげで、「あそこの一帯は水によく浸かるところだ」とか、「あそこの川はあの辺りが危ないから、家は建てないほうがいい」といったような、災いに備える知恵を住民たちが共有していました。さらに、小規模の水害ですから、住民みんなで力を合わせて土嚢《どのう》を積めば、なんとか防ぐことができた。みんなで水防に出て、土嚢を積んで、みんなで地域を守るというような共同体意識や連帯意識があったのです。

やがて、一〇〇年確率の治水で、立派な堤防が完成します。そのおかげで、本当にありがたいことに水害のほとんどはなくなった。しかしその一方で、住民たちは災いに備える知恵を失い、そして地域の連帯意識を失い、いつの間にか水害に対して無防備になってしまった。そこに襲いかかるのが、一〇〇年確率を超える規模の災害、つまり防災における「想定外」の災害なのです。

東日本大震災も、まさしく、そのような状況の中で起こったわけです。大きな防潮堤ができたことによって、田老では逃げなかった住民がいた。釜石でも、ここは安心できる地だと思った住民がいた。そして逃げなかった。そこに、想定を超える津波が来たのです。そして何が起こったかは、皆さんがご存知のとおりです。膨大な人命が失われてしまいました。

私が言いたいのは、こういうことです。

田老や釜石など東日本大震災で被災した地域は、「想定外」だったから被害を受けたわけではありません。また、「想定が甘かった」わけでもありません。そうではなくて、「想定にとらわれすぎた」のです。

東日本大震災によって顕在化したのは、防災というものがはらむ裏側の問題です。それは、防災が進むことによって、社会と人間の脆弱性《ぜいじやくせい》が増し、住民を「災害過保護」ともいうべき状態にしてしまうという問題にほかなりません。

ハザードマップの内と外

「想定にとらわれすぎた」とは、どういうことか。具体的な事例で説明します。

釜石市では、津波で浸水の恐れのある区域や避難場所等の周知を図るため、津波ハザードマップを住民に配布していました。

このハザードマップは、過去に三陸沿岸を襲った明治三陸津波（一八九六年）、昭和三陸津波（一九三三年）と、想定宮城県沖連動地震による津波について岩手県がシミュレーションを行い、それらの最大浸水範囲を示したものです。釜石市の場合は、おおむね明治三陸津波が再来した場合の結果が反映されています。

さて、このハザードマップを自分が受け取ったと想像してみてください。最初に何をしますか？　自分の家を探すでしょう。当たり前です。そして、自分の家が浸水想定区域の外側だったら「よかった、ウチには津波が来ない」と思い、区域の中だったら「ああ、困ったな」と思いますね。それが普通の見方です。

図2

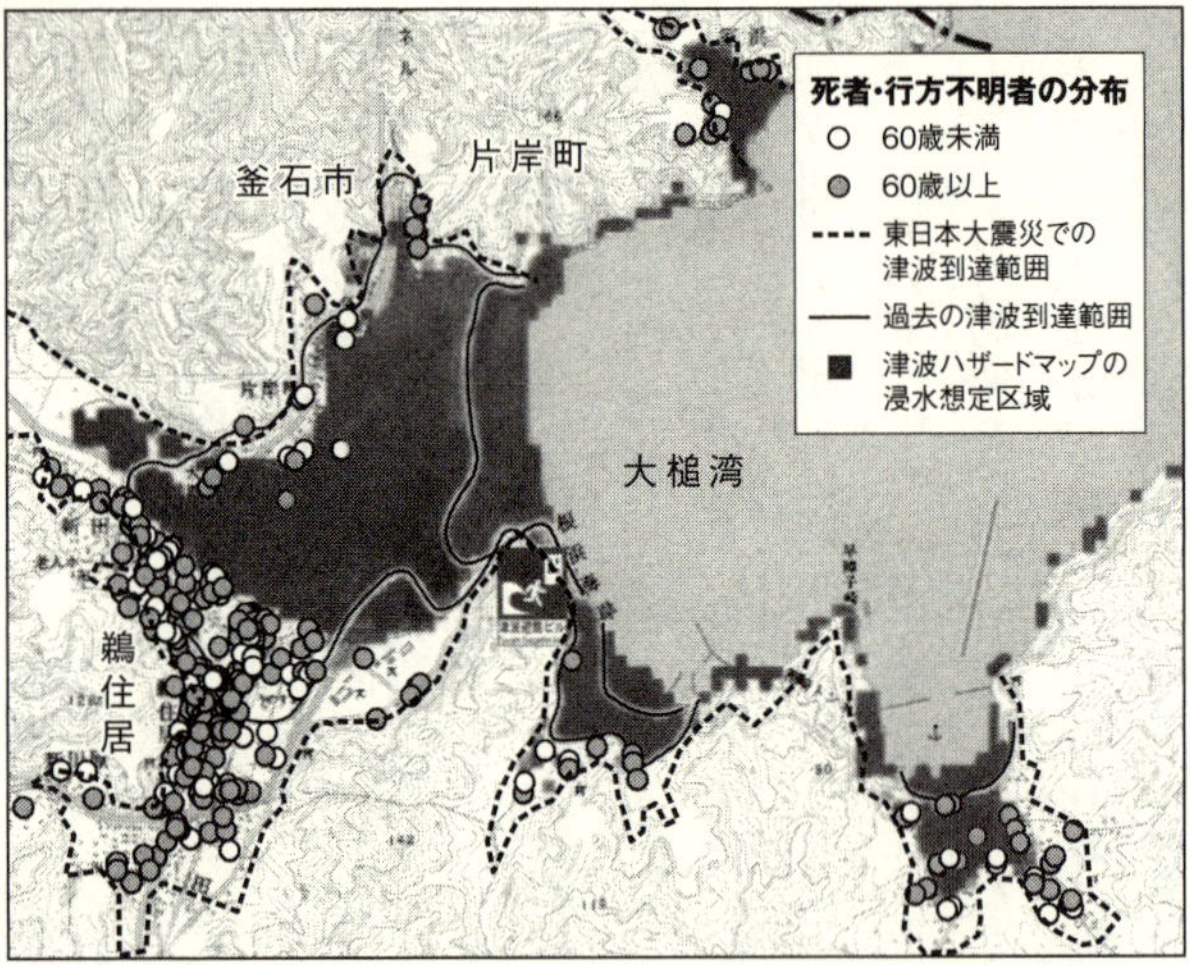

そして、図2が、二〇一一年三月一一日に襲来した津波の状況です。丸のついているところで犠牲者が出ています。驚くべき結果ですね。ハザードマップの浸水想定区域を境に、外側の人が亡くなっているのです。

ハザードマップは、何のために配ったのでしょうか。浸水想定区域のラインの外に住む人たちを死なせるためでしょうか。そう言いたくなるような状況が、ここにあると思いませんか。

三月一一日に襲ってきた津波は、ハザードマップの「想定」をはるかに超えるものでした。その結果、亡くなってしまったのが浸水想定区域の外側にいた方々です。まさに「想定にとらわれすぎた」がゆえの悲劇だと思うのです。

このような問題をどう解決していくのか。どう理解を正していくのか。これが、防災教育を行っていくうえでいちばん重要なポイントであると、私は考えています。現在の日本の防災が陥っている、最も根深いジレンマがここにあるからです。

私たちに主体性はあるのか

日本の防災は、何が間違っているのだろうか。

私は、根こそぎやられてしまった被災地の瓦礫《がれき》の中を歩きながら、考えました。なんでこんなことになったんだろう。何が悪かったのか。

私の一つの答えは、多分に概念的ですが、こういうことです。

相手が自然である以上、時にはこのような巨大災害だって起こり得るのに、「一〇〇年確率」のような防災が進んできた過程で、いつしか我々は自然を制圧したかのような驕《おご》りをもってしまったのではないか。自然の大いなる営みに対する畏敬《いけい》の念を、完全に忘れてしまったのではないか。

そのような「甘え」をつくり出したのは、行政主体で進められてきた防災です。そして私たちは、いつの間にか、行政に身の安全を委《ゆだ》ねるようになってしまった。

自分の命を守るということに対する主体性、すなわち「自分の命は自分で守る」という言葉は、これまで耳にタコができるほど聞いていると思います。しかし、その言葉の意味を「本当に理解していますか？」ということです。

「自分の命は自分で守る」ために、主体的に行動していますか？　例えば、「避難勧告が出たら逃げればいい」という考え方。すでに、もうここには主体性がありません。「あなたは行政に『逃げろ』と言われなければ逃げないのですか？」と言いたくなる。しかし、現実には、「避難勧告が出ていなかったから逃げなかった」人が亡くなっているわけです。あるいは「ハザードマップを見たら、家は大丈夫だから逃げなかった」人が亡くなっている。これも主体性のなさです。行政が発表する情報に完全に自らの命を委ねてしまっている。ここを正していかなくてはならないのです。

自らの命を守ることに主体的たれ

我々は災害にどう対応すべきなのか。それは、「大いなる自然の営みに畏敬の念をもち、行政に委ねることなく、自らの命を守ることに主体的たれ」ということに尽きると思います。

自然は我々に大きな恵みを与えるとともに、時に大きな災いをもたらします。それは、行政が想定した規模を超え、人為的に造りだした防御施設をはるかにしのぐ大きさで襲いかかることも当然あり得ます。そこから自らの身を守るためには、災いから逃れること、すなわち避難することしかない。しかし現状は、行政主導で邁進《まいしん》してきた防災の中で、住民には「防災は行政がやるもの」との認識が根付いており、そのような認識のもとで、住民は災害に対する安全性を行政に過剰なまでに依存し、そして自らの命までも委ねてしまっている状態にあるのです。

自然が時にその営みの中でもたらす大いなる災いから身を守るためには、自らがそうした自然の営みの中に生きる一構成員であることを自覚するとともに、人為的に与えられた想定にとらわれることなく、また自らの命を行政に委ねることなく、主体的にそのときの状況下で最善を尽くすこと以外にありません。

今、わが国の防災に必要なことは、国民一人ひとりが自らの命を守ることに責任と主体性をもつこと、すなわち「自らの命を守ることに主体的たれ」ということだと思います。

命を守る主体性をどう教えるか

しかし、こうした命を守る主体性について、子どもたちにどう教えたらいいのでしょうか。子どもに対して「大いなる自然の営みに畏敬の念をもて」などと言って、話が通じるでしょうか？「自分の命を守ることに主体性をもて」と言って、すんなり理解してもらえるでしょうか？

日本で暮らす子どもたちに、「自分の命を自分で守れ」と教えることの難しさを考えてみてください。日本で生まれて育った子どもたちは、これまでの人生で「自分の命が危うい」と思った経験をもっているでしょうか。日本の子どもたちは、親に守られ、学校に守られ、地域に守られ、行政に守られています。自分の命が奪われそうになる場面に直面することは、ほとんどありません。

もちろん、そのこと自体はとても幸せなことです。しかし、このような国は非常に例外的であるということを知っておく必要があります。

先進国のアメリカに行っても、「この地域は、夜遅く歩かないほうがいいよ」と言われるような所はいくらでもあるわけです。アメリカだけでなく、どこの国にもあります、まして や、発展途上国などに行くと、生活の中で奪い合いがあり、時には殺し合いがある。誰もが、生きることに懸命です。そんな環境にいる子どもたちに対してなら、「自分の命は自分で守れ」という言葉はすんなり理解されるでしょう。

しかし、幸せなことですけれども、この、いわば平和ボケした日本の社会において、子どもたちに「自分の命は自分で守れ」と言っても、おそらく実感がもてないでしょう。

私のアメリカの友人が、小学校のときに学校の先生にこう言われたというのです。

「町を歩いていて、一人倒れていたら助けてあげなさい。二人倒れていたら、注意しなさい。三人倒れていたら逃げなさい」

このような言葉が、日本で成り立つでしょうか。理解されるでしょうか。

三人も倒れているということは、明らかに何かが、あるいは誰かが意図をもって禍々《まがまが》しいことを起こしつつある証拠だ。つまり、何かが起こっていることが明白なわけだから、すぐにその場を離れろ。これは、まさしく危機管理の教えです。しかし、日本の子どもたちに「一人倒れている、二人倒れている、三人倒れている……」と話しても、「なんか大変そうだね」としか思わないでしょう。

それだけではありません。日本の子どもたちは、さらに悪い環境に育っています。二〇〇六年一一月一五日に千島列島沖で地震津波があって、釜石でも津波注意報が出たことがありました。

それまで私は学校で、子どもたちに対して「逃げなさい」という話を一生懸命していたわけです。そして、実際に気象庁から津波注意報、釜石市から避難指示が出ました。

ある子どもが、「お父さん、逃げよう」と訴えました。でも、お父さんは「大丈夫だよ」と言う。「大丈夫じゃないよ、お父さん。逃げようよ。だって、津波注意報も避難指示も出ているじゃないか」「最近、津波なんか来てないだろう。大丈夫だから、いいから寝ろ」「お父さん、だめだって。津波っていうのは難しい現象で、時に大きい津波も来るんだから……」「うるさい、もう寝ろ!」——こんな会話だったそうです。「うるさいと言われました」としょげていた子どもの顔は、忘れられません。

あえて申しましょう。こんな親に育てられているのが、今の日本の現実なのです。こんな親に育てられ、こんな社会の中に生きている子どもたちに、「自分の命を守る」ということを教えなくてはならない。本当に難しい作業です。

社会が私の目指している方向とは逆に向いている中で、どうしたら教えられるのか。たどり着いた結論は、私なりに一生懸命咀嚼《そしやく》して、「避難の三原則」という言葉に置きかえることでした。

その三原則について述べる前に、三月一一日の、釜石の子どもたちの避難状況について報告させてください。


「わしゃ、孫に助けられた」


まず、数字から申し上げます。

釜石市の小学生一九二七人、中学生九九九人のうち、津波襲来時に学校管理下にあった児童・生徒については全員が無事でした。ただし、学校管理下でなかった児童・生徒のうち、五名が犠牲となりました。生存率は九九・八パーセントです。

今、トータルな「数」を申し上げましたが、子どもたち一人ひとりについても、語り継ぎたい話がたくさんあるのです。逃げていくときに、保育園の子どもたちを抱きかかえて避難所まで走った子どもがいました。あるいは、おじいちゃん、おばあちゃんの手をとって逃げた子どもがいました。

私が震災直後に釜石に入ったとき、「わしゃ、孫に助けられた」と、泣きながら学校の先生にお礼を述べていたおじいちゃんがおられました。

地震直後、釜石に出た津波警報の第一報は、予想される津波の高さ三メートルでした。この情報が、その後、六メートル、一〇メートルと更新されていくのですが、じつは、三メートルという第一報が出た後に、地域は停電してしまいました。したがって、六メートル、一〇メートルという続報は住民に届かなかった。そのおじいちゃんも、三メートルという情報だけを聞いて、「ウチの前の防波堤は六メートルだから、大丈夫」と思ったと言います。孫が「逃げよう、おじいちゃん」と言ってきたけれど、「三メートルだから大丈夫、大丈夫」と言ってとりあわなかった。そうしたら、孫が泣きじゃくりながら「じいちゃん、だめだ」と言って腕をつかんだというのです。そうなったら、おじいちゃんはしょうがないですよね。孫が泣いてまで言うのですから。「しょうがないな、じゃあ、行くか」と言って避難所へ歩き出し、しばらく行ったところですごい音がした。後ろを見たら、すぐそこまで津波が来ていた。もちろん、家は津波に破壊されていたそうです。

「五人の犠牲者」への鎮魂

こういう状況を、新聞は「釜石の奇跡」と書き立てました。子どもたちの行動をたたえる言葉として理解はできます。しかし、私はこの言葉を自ら積極的に使う気にはなれません。

私は、学校向けの防災教育だけをやろうと思っていたわけではありません。子どもたちに防災教育を行い、その子どもたちを介して、大人たちに意識を広げていく。そんな防災をやりたかったのです。講演でも「犠牲者ゼロの地域づくり」という演題を多用していました。しかし東日本大震災の大津波では、九九・八パーセントの児童・生徒は生存したものの、釜石全体では死者・行方不明者が一〇〇〇人を超えました。防災研究者としては、明らかに敗北です。

そして、ほとんどの子どもが生き延びてくれたとはいえ、学校管理下になかった五人の子どもが亡くなっています。この子たちには、本当に申し訳ない気持ちでいっぱいです。命を守ってあげられなかったのですから。

五人のうち、二人は病気で学校を休んでいました。一人は、避難している途中で親御さんが迎えに来て、引き渡さざるを得なかった。そして、親御さんと一緒に亡くなってしまいました。

もう一人は、下校後に母親と買い物をしているときに被災しています。この子は事情がありまして、かわいそうなことになったと思っています。小学校六年生の女の子で、普段はお父さんと二人で暮らしていました。お母さんは、少し離れた町に住んでいた。そういう家庭環境でした。地震当日は三月一一日ですから、中学校に上がる準備をする時期でした。やっぱり女の子ですから、女親と相談して買いたいものもいろいろあったのでしょう。そういうことで、久し振りにお母さんが来てくれることになった。この子は、喜んで職員室に来たそうです。先生も、「行っておいで、行っておいで。よかったね」と言って送り出してあげた。そして、お母さんと買い物中に亡くなってしまいました。

そして、もう一人。中学二年生の女の子です。この子に対しては、私には自責の念があります。

私は、中学生向けの講演でこう言っていたのです。

「中学生は、もう助けられる立場じゃない、助ける立場だ。お父さん、お母さんが仕事に行き、高校生が町の学校へ行ってしまうと、地域に残っているのはお年寄りと幼児ばかりだろう。だから、もう君らは助けられる立場じゃないんだ。地域を守っていく立場なんだ」

この子は、それを実践して亡くなってしまったのです。しかも、津波ではなく、地震で亡くなりました。

どういうことかというと、家の裏に、一人暮らしのおばあちゃんが住んでいました。女の子はその家に走っていって、おばあちゃんに「逃げるよ！」と声をかけた。おばあちゃんも、逃げる準備をしていた。それを待っているときに大きな余震が来て、簞笥《たんす》が倒れた。女の子は、その下敷きになってしまったのです。「助けられる立場じゃない、助ける立場だ」と教えられ、それを実行したために亡くなったのです。本当に無念であり、申し訳ないという気持ちでいっぱいです。

私は、この五人のことを生涯忘れず心にとめて、これからの防災をやっていこうと思っています。しかしその一方で、あの大津波から「避難の三原則」に基づく主体的な行動をもって命を守り抜いた子どもたちを本当に心から褒めてあげたい。

では、釜石の子どもたちに教えていた、その「避難の三原則」について述べていきます。

三原則その一「想定にとらわれるな」

三原則の最初は、「想定にとらわれるな」。端的に言えば「ハザードマップを信じるな」ということです。

まず、ハザードマップを配ります。子どもたちの反応は、大方の大人たちの反応と一緒です。地図上で自分の家を見つけて、「ああよかった、おれんちセーフ。おまえんちは?おまえんちアウト」。セーフだアウトだ、と大騒ぎです。

ひとしきり大騒ぎした後で、私は子どもたちに問いかけます。「なあ、君の家はほんとにセーフなのか？」」。そうすると、子どもたちは答えます。「だって、（浸水想定区域の）色ついてないもん」。

まったくもって素直な反応ですね。さらに私は続けます。

「でもな、この色って、どうやってつけたんだっけ。明治三陸津波がもう一回来たらこうなりますよ、っていう意味だよな。じゃあ、この次の津波は明治三陸津波なのか？」

「あっ、そうか」

子どもたちは、ここで直ちに気づくのです。もちろん、大人だって多くの人は気づくのですが、その〝気づき〟に違いがあります。子どもたちは、即座に、心から理解したのです。

私は、子どもたちが「あっ、そうか」と叫んだときに、この子たちは絶対に理解したな、という確信をもちました。子どもたちは、続けてこう言ったのです。

「じゃあ先生、小学校も中学校も色がついてないけど、決して安全じゃないね」

そう。ハザードマップではこうなっているけれど、だからといって「必ず安全」というわけではない。これは一つの例にすぎなくて、このとおりにならない可能性も考えておかなくてはならない。そういうことを、この子たちは理解してくれたな、と思いました。

このように、私は「想定にとらわれるな」と教え、その第一段階として「ハザードマップを信じるな」と教えてきました。これは、子どもたちにとっては、変な教え方に聞こえます。地図を配っておいて、開口一番、「今配った地図を信じるな」と言うわけですから。子どもたちは、「えっ?」というような顔をします。日本の学校というのは、先生の言うことは正しい、教科書に書いてあることは正しい、という知識獲得型の教育になっています。基本的に、印刷物に書かれていることは正しいということになっているわけです。ところが、私は「書いてあることを信じるな」と言うのですから、子どもたちにすれば、「だったら配るなよ」と言いたくなるような状況です。しかし、そこを押してでもやることに意味があるのです。

なぜかというと、ハザードマップを配り、それを否定するという一連の流れを通して、「想定」にとらわれている自分に気づけるからです。さらに、「次の津波はここまで」という固定観念をもってしまっている自分に気づけるからです。そういう自分に気づかせるためにも、この「想定を信じるな」という教えがあるわけです。

三原則その二「最善を尽くせ」

三原則の二つ目は「いかなる状況下においても最善を尽くせ」です。

「この次来る津波がどのようなものかはわからない。しかし、どのような状況下においても、君にできることは最善を尽くすこと以外にない」。このようなことを教えました。このときも、余分なひと言を付け加えます。

「最善を尽くせ。しかし、それでも君は死ぬかもしれない。でも、それは仕方がない。なぜならば、最善というのは、それ以上の対応ができないということだ。それ以上のことができないから、最善というんだ。精いっぱいやることをやっても、その君の力をしのぐような大きな自然の力があれば、死んでしまう。それが自然の摂理なんだ」

おそらく、学校の教育でこんなことは言わないでしょう。学校の先生方は「頑張りなさい。頑張ればできるようになるから」と言って励ますのが普通でしょう。でも、片田という群馬から来た先生は「頑張れ。でも、死んじゃうかもしれないぞ」と言うわけです。

しかし、あえてそのように言うことが、「自然に向かい合う姿勢」を教えるためには大事だと思っています。相手は自然なのだから、どんなことだってあり得る。そういう事実に対して謙虚になって、そのうえで、我々ができる最善のことをやる。それが正しい姿勢でしょう。

正直、ここまで述べた二つの教え方は、学校の先生方には評判が良くありませんでした。資料を配っておいて「信じるな」と言ったり、「頑張っても死ぬかもしれない」と言ってみたりするわけですから。模擬授業をしている際、後ろに座っていた先生方が首をかしげていたところを見たときには、「本当にこの教え方でいいのかな……」と少し自信を失いかけたこともありました。

でも、今は自信をもって「こう教えることが正しい。間違いない」と思っています。なぜなら、釜石の子どもたちの行動が、それを示してくれたからです。

この二つの教えを踏まえて、大震災当日に釜石の子どもたちがとった行動を、次にご紹介します。

彼らはいかに逃げ、助かったのか

大槌湾《おおつちわん》の近くに、この地域唯一の中学校である釜石東中学校があります。その隣には、鵜住居《うのすまい》小学校があります（以下、図3参照）。

図3

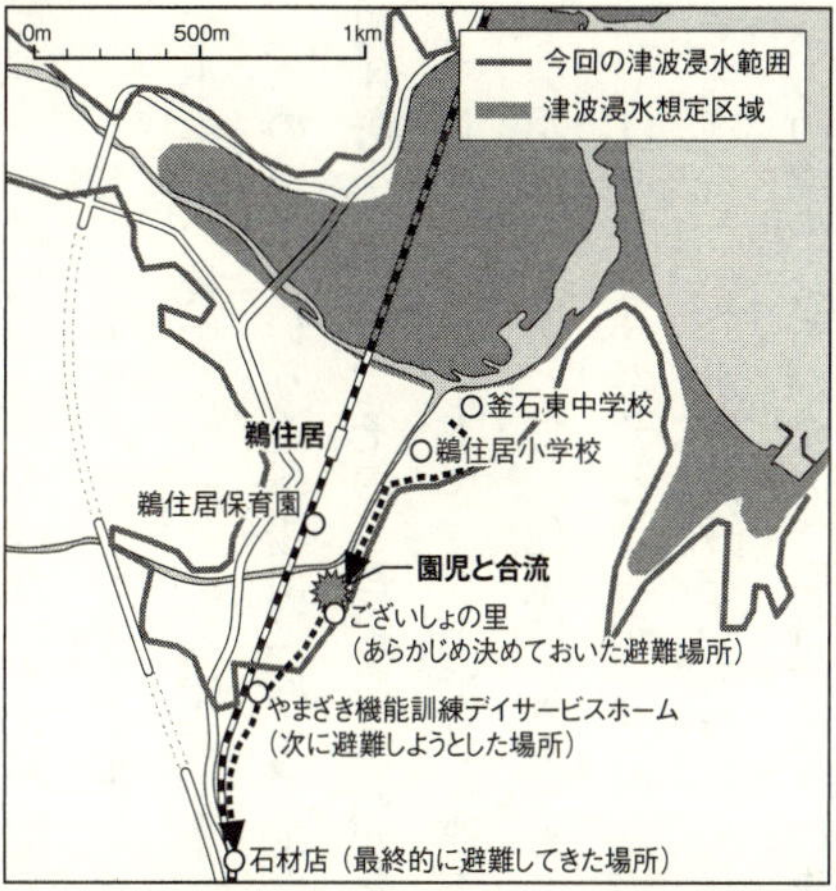

釜石東中学校は、当日、校長先生が不在でした。教頭先生が、すごい揺れのなか、床を這《は》うようにして放送卓まで行ったのですが、停電のために放送できなかった。だけど、そのときすでに、生徒たちがダダダダーッと廊下を駆け抜けていく音が聞こえたといいます。

　教頭先生は、やっとの思いでつかんだハンドマイクで校庭にいる子どもたちに避難の指示を出そうとして立ち上がったら、すでに子どもたちは全力で走っていました。ある先生が「逃げろ！」と叫んだのを聞いて、最初に逃げたのはサッカー部員たちだったそうです。

グラウンドに地割れが入ったのを見た彼らは、校舎に向かって「津波が来るぞ！　逃げるぞ！」と大声を張り上げ、そのまま走りはじめて、鵜住居小学校の校庭を横切ります。そして小学校の校舎に向かって「津波が来るぞ！　逃げるぞ！」と声をかけながら、「ございしょの里」という避難場所に向かって全力で走っていきました。

鵜住居小学校は、そのとき耐震補強が終わったばかりの鉄筋コンクリート三階建てでした。そして、ハザードマップ上では「津波は来ない」エリアです。さらに、当日は雪が降っていたこともあって、先生方は子どもたちを三階へ誘導していました。決して的外れな行動ではありません。ところが、この二つの学校は、普段から共同で「ございしょの里」まで逃げるという避難訓練をやっていました。小学校の子どもたちは、日頃一緒に訓練している中学生たちが全力で駆けていくのを見て、三階から下りてきてその列に加わったのです。結局、およそ六〇〇人の小中学生たちが、細い道を通って「ございしょの里」へ向かいました。

また、この地域では、津波にいちばん詳しいのは中学生ということになっていました。学校の近所に住んでいるおじいちゃん、おばあちゃんたちも、その中学生たちが血相変え

写真3

写真4

て逃げていく光景を見て、それに引き込まれるようにして、一緒に逃げはじめました。

同じ地域にある鵜住居保育園でも、保育士さんがゼロ歳児をおんぶして、ほかの小さな子どもたちを五、六人乗りのベビーカーに乗せて、坂道を上がっていました。それを中学生たちが見つけて、女の子はベビーカーに乗れない子どもを抱きかかえ、男の子はベビーカーを押してあげた。そうやって、みんなで「ございしょの里」に入っていきました。

ところが、「ございしょの里」の裏の崖《がけ》が地震で崩れかけていた（写真3、撮影は津波襲来後）。それに気づいたある中学生がこう言ったそうです。「先生、ここ、崖が崩れかけてるから危ない。それに揺れが大きかったから、ここも津波来るかもしれない。もっと高いところへ行こう」。

「ございしょの里」よりもさらに高台に、介護福祉施設があります。「やまざき機能訓練デイサービスホーム」（写真4）といって、通称「やまざき」というのですが、子どもたちが「先生、やまざき行こう、やまざき」と言いはじめるわけです。この頃にはすでに津波は町へ到達していて、防波堤に津波が当たって水しぶきが上がる光景が見えています。家々が壊れ、土煙が上がる光景も見える。それを見た小学生が、「あー、僕んちがー」と

写真5

写真6

泣きじゃくるような状況だったといいます。みんなは懸命に、「やまざき」まで移動を始めました。

移動中の写真（写真5）が残っています。帽子をかぶっているのは小学生で、それぞれ、中学生と手をつないでいます。「大丈夫だから、大丈夫だから」と励ましながら、中学生が小学生を連れて、手をつないで逃げているのです。一緒に逃げてきたお年寄りも列に加わっています。この後ろには、保育園児を抱きかかえた女子中学生、車いすを押している男子中学生、足の悪いお年寄りをエスコートしている中学生がさらにつながります。

どうにかこうにか、みんなが「やまざき」に逃げ込んだその三〇秒後、津波は「やまざき」の手前までやって来て、そこで瓦礫が渦を巻きました。写真6は、子どもたちが「やまざき」に避難していたときの様子を撮ったものです。避難する子どもたちの向こうに、津波が家々を壊しながら地域に入り込み、靄《もや》がたっている様子が写っています。本来、海は写真の遥か右側にあり、ここから見えるはずがないのです。そして、その津波がさらにこちらに近づいてきます。それを見た瞬間、子どもたちはクモの子を散らすように、懸命に、一斉に逃げはじめました。子どもたちは、小さな子どもやお年寄りとともに、さらに高台にある国道四五号線沿いにある石材店まで行きました。中には、小学生の手をつないで近くの山へ駆け込んでいった中学生もいました。

本当にギリギリのところで、生き延びることができたのです。それは、中学生が「先生、ここは危ない。次へ行こう」と言った、このひと言に始まったと思います。

写真７

想定にとらわれない行動

もし、行政から配られていたハザードマップを信じていたら、この二つの学校の子どもたちは、逃げる必要がなかったわけです。どちらも浸水想定区域の外側にあって、津波が来るとは「想定」されていなかったのですから。

震災後に、鵜住居小学校へ行ってみました。写真７を見てください。校舎の三階に、軽自動車が突き刺さっています。津波は、屋上を軽く越えていました。もし、ここに子どもたちが残っていたとするならば、一人とて生き残ることができなかっただろうと思います。

それから、最初に逃げた「ございしょの里」、あらかじめ決められていた避難所です。学校からの距離は、およそ八〇〇メートルあります。ここは川沿いの低平地であるため、それ相応の距離を走る割には、高さが稼げないという難点がありました。しかし、低学年の小学生を連れて子どもたちが一斉に逃げることを考えたら、これ以上遠い場所を設定することは現実的ではなかった。また、避難している間、トイレに行きたいと言う子どもも出てくるでしょう。したがって、「ございしょの里」を避難所と定めたのは無理からぬことだと思います。

しかし、震災後の「ございしょの里」の写真（写真8）を見てください。電信柱に瓦礫がいっぱいひっかかっています。もし、この場所でよしとしていたならば、どうなっていたでしょう。この狭い広場に、小中学生、保育園児、お年寄りたちが固まっていたら、多くの犠牲者が出たことは間違いありません。子どもたちが「これでよし」とせず、さらな

写真８

る行動を起こしたが故に守られた命でした。

想定にとらわれるな。最善を尽くせ。

釜石の子どもたちがとってくれた行動は、私が言ってきた原則が決して間違っていなかったということを、はからずも証明してくれたように思っています。

三原則その三「率先避難者たれ」

ここまで述べた二つの原則は、自然災害に対峙《たいじ》する「姿勢」の問題です。

ただし、人間の心というのはままならないもので、たとえ正しい姿勢があったとしても、正しい行動に結びつくとは限らないのです。

それを打破するために、子どもたちには三番目の原則として、こう教えました。

「率先避難者たれ」

これは、それまで言ってきたことと矛盾します。「君たちは助けられる立場じゃない、助ける立場だ」と言っていたのに、今度は「最初に逃げろ。何を置いても、真っ先に自分の命を守れ」と言っているわけです。当然ながら、子どもたちも怪訝《けげん》そうな顔をします。

私は言いました。「人を助けるためには、まず自分が生きていなければどうにもならない。だから躊躇《ちゅうちょ》なく、まず自分の命を守り抜くんだ」と。

子どもたちは、「先生、自分だけ逃げていいの？　自分だけ助かっていいの？」と聞いてきます。やはり、子どもたちの倫理観にも影響するわけです。それでも私は、「いいんだ。君が逃げることが、周りの多くの人たちを救うことになるんだから」と説得しました。

そして、子どもたちと、こんなやり取りをしました。

「ときどき、教室で非常ベルが鳴るだろう。非常ベルが鳴ることの意味って、みんなわかっているね。だけど、非常ベルが鳴ったときに君は逃げたか？」

「逃げなかったよ」

「学校の先生は逃げてたか?」

「いや、逃げてない」

「どうして? 非常ベルが鳴ることの意味はわかってるだろう。なぜ逃げないの?」

こう聞くと、子どもたちは「うーん」と黙り込むのです。

皆さんもそうでしょう。非常ベルが鳴ることの意味はわかっているのに、非常ベルが鳴ったからといって真っ先に逃げるかといえば、そうではない。これは、考えたらおかしなことです。非常ベルの意味がわかっているなら、逃げればいい。それなのに、なぜ逃げないのか。

そこには、「正常化の偏見」という心の特性があるからです。

「正常化の偏見」を超えて

「正常化の偏見」とは、「自分は大丈夫」と一生懸命思い込もうとする心の作用です。自分にとって都合の悪い情報を無視したり過小評価したりして、「いつもと変わらず正常である」と心の状態を保とうとする、人間の特性です。

非常ベルが鳴ったとしても、危険な状態に自分が置かれていると思いたくない。だから、「この前も鳴ったけど、大丈夫だったよな」と思ったり、「煙の匂《にお》いもしないから、大丈夫だろう」と思ったりするわけです。

つまり、最初に届いたリスク情報を無視するのです。

人間は、大丈夫だとは思えない事実を目の前に突きつけられるまで、そういう「正常化の偏見」の状態を続けます。非常ベルが鳴っただけでは動かず、誰かが「火事だ！」と言ったときに、ようやく逃げる。つまり、行動を起こすには二つ目の情報が必要だということです。したがって、災害情報というのは、同じ情報をいろいろな形で繰り返し伝えなくてはならない。

そういった話を噛《か》み砕《くだ》いたかたちで、子どもたちにしていくわけです。

「だからな、人間っていうのは元来逃げられないんだ。みんなが『大丈夫だよな』と言いながらその場にとどまっていると、全員が死んでしまう。だから、最初に逃げるっていうのは、すごく大事なこと。だけど、これが難しいんだ。考えてみよう。非常ベルが鳴って最初に飛び出すのって、カッコ悪いだろ。だいたいが誤報だからね。戻ってきたら、みんなに冷やかされる。そんなことを考えると、逃げたくなくなるよね。でも、本当に災害が起こったとき、みんなが同じことを考えて逃げないでいると、みんなが同じように死んでしまう。だから、君は率先避難者にならなくてはいけない。人間には『集団同調』という心理もあって、君が本気で逃げれば、まわりも同調して、同じように逃げはじめる。つまり、君が逃げるということは、みんなを助けることにつながるんだ」

グラウンドに地割れが走ったのを見て、「津波が来るぞ！　逃げるぞ！」と言って真っ先に逃げた釜石東中学校のサッカー部員たちは、模範的な率先避難者でした。それを見て、ほかの中学生たちも次から次へと逃げた。それを見た小学生たちも逃げた。さらに、それを見たおじいちゃん、おばあちゃんも逃げた。

こうやって、率先避難者が真っ先に行動を起こすことによって、それが波及していって、本当にギリギリのところで多くの命を救うことができたわけです。

偉いですね。私は、本当に釜石の子どもたちを褒めてやりたいと思っています。

3　防災教育の本質

「脅し」「知識」はダメ。大事なのは「姿勢」

日本の防災教育には、とかく陥りがちな間違いがあります。

一つは、「脅しの防災教育」。

簡単に言えば、「こわいぞ、こわいぞ」と連呼するパターンです。「釜石は、明治三陸津波で四〇〇〇人以上も死にました。昭和三陸津波でも死者が出ました。だから、ちゃんと逃げないと津波の犠牲になって死にますよ」。こういう教え方はダメです。

典型的なのは、車の免許の書きかえです。免許試験場に行くでしょう。すると、交通事故の写真をいっぱい見せられます。そうすると、帰りに運転していると街角のそこかしこから人が飛び出してくるような気がして、ソロソロと安全運転している自分がいます。でも、だいたい一晩でもとの運転に戻りますよね。

人間は、脅えながら生きていくことなんてできません。だから、そうした脅えはちゃんと忘れるようになっているのです。

また、「ここに津波が来ると、こんなに死者が出ますよ」という教え方をしていると、教えられた人は、その地域のことが嫌いになります。釜石の子どもたちは、釜石のことが嫌いになってしまう。こういう防災教育は何も残りません。

いずれにしろ、外圧的に形成される危機意識は、長続きしないのです。何事もそうですが、恐怖喚起のコミュニケーションでは本当の効果はあまり期待できません。お子さんやお孫さんを脅かして何かやらせようとしてもうまくいかない、ということと同じです。

もう一つの間違いは、「知識の防災教育」です。

学校の先生方は、多くの場合、「ちゃんとした知識を与えて、合理的な行動を導こう」という考え方をされます。これは一見正しいようですが、防災に関してはダメです。与えられる知識は、主体的な姿勢を醸成しないからです。また、知識を与えられることによって災害のイメージを固定化し、その災害イメージを最大値にしようとします。それが、「想定にとらわれる」ことにつながってしまう。

こと防災に関する教育については、知識を与えることによって正しい行動をとらせようとしても、非常に難しいのです。なぜなら、人間というのは、都合の悪い話は積極的に考えようとしないからです。

例えば、日本では交通事故で年間約五〇〇〇人が亡くなっています。では、「自分が交通事故で死ぬかもしれない」と思っている人は、果たして何人いるでしょうか？　その一方で、宝くじに一等が五〇〇〇本あるといわれると、行列をつくって買おうとするわけです。買ったとたん、なんだか当たるような気がする。気分はもう億万長者です。交通事故の五〇〇〇人は自分とは関係ないが、宝くじの五〇〇〇本は関係するかもしれない。そういう都合のいい考え方をするのが人間なのです。

「脅しの防災教育」も「知識の防災教育」も間違いです。

私が子どもたちに教えてきたのは、主に「姿勢の防災教育」です。防災に対して主体的な姿勢を醸成することが、何よりも重要なのです。

人間は、自分の死を直視できない

ちょっと嫌な話を二つします。

私の母は、昭和三年生まれです。岐阜の下呂温泉近くの山の中に一人で住んでいまして、もう八五歳近い。ですから正直、心配です。二日に一回ぐらい電話をして、「今日はこんなことがあった」などという話をしております。

あるとき母が、こんなことを言いました。「お金はあまり使わない。いちばん使うのは香典だ」。田舎なものですから、食べるものは近所の農家からもらったりします。そうなると、大きな出費は香典ぐらいだというわけです。それで結構、お金が余ったから「貯金するんだ」と言うのですね。

思わず、言葉が出かかりました。

「何のために?」

私としては、苦労をかけた母親に「いまさら貯金なんてしなくていいから、隣のおばさんとお芝居でも行っておいでよ。足らなきゃお小遣いだって出すよ」と言ってあげたい。でも、母は「貯金する」と言う。何のためかというと「将来のため」です。

八五歳近い母は、来年の今頃も生きているつもりです。五年後も、一〇年後も生きているつもりです。もちろん私も、そうあってほしいと思います。きんさん、ぎんさんが一〇〇歳のときにテレビに出ていて、「来年、この番組に出るときには、もうちょっと赤いべべ着て出たい」と言っていました。一〇〇歳を超えても、「来年もこの番組に出るときには」と考えておられたわけです。

私は母親本人ではないですから、一歩離れて客観的に考えることができます。女性の平均寿命は、だいたい八五歳。ということは、ウチの母も、もうあまり長いわけではないだろう。せいぜい親孝行しなくてはいけないな——と考える。でも当事者である母は、自分の命は未来永劫《えいごう》だと思っていて、将来に備えてせっせと貯金をしている。

人間とは、そんなものです。だからこそ、私の母も、毎日心穏やかに生きているのだろうと思います。

それからもう一つ。

医者から余命宣告を受けたとしましょう。「あと一カ月」と言われたらショックです。それが「あと五年」ならどうか。一〇年なら、五〇年なら……。どこにハッピーとアンハッピーの境界線があるのでしょうか。答えは、「全部アンハッピー」です。仮に余命が五〇年あるとしても、誕生日が来るたびにカウントダウンされているような心境には、やはり耐えられないと思います。

人はいつか死にます。一〇〇パーセントの確率です。しかし、一〇〇パーセントの事象に対しても、私たちはあえて曖昧《あいまい》にしておきたい。わかっていても、あえて直視しないからこそ人間らしく生きていられる。そもそも、「誕生日おめでとう」というのは変な話で、客観的に見れば「また寿命に一歩近づきました」ということでしょう。でも、その事実を直視するのが嫌だから、あえて過去のほうを見て「これまで元気に生きてきたことに対して、おめでとう」と言っているわけです。

一見、どちらも防災と関係ない話のように思われるかもしれません。しかし、そうではないのです。

たとえ一〇〇パーセントのリスクがあっても、あえて明示しないからこそ幸せなのだ、というところが人間にはある。そのことを頭に入れて、防災を行う必要があるのです。

一〇年二区切りの防災教育

「危険をしっかり伝えれば、人間は逃げる」というのは嘘《うそ》です。

津波というのはほとんどの場合海溝型の地震で発生しますから、周期性をもって襲来するわけです。つまり、「釜石に津波が来るのか、来ないのか」という議論はナンセンスです。津波は絶対に来る。それがいつなのか、という問題だけです。

それなのに、住民はなかなか逃げようとしない。これも、私は人間らしいと思います。しかし、「人間とはそういうものである」ということを知ったうえで、せめて、「その日、その時」だけは合理的な行動をとりましょう、それがこの土地で生きるための作法です、と説き聞かせることが、私なりの防災教育であるように思います。

もちろん、それは釜石でもどこでも共通です。災害に向かい合う、危険に向かい合うということは、その中でどう生きるか、ということと同じなのです。

私が防災講演を始めた頃は、主に大人を対象にしていました。ところが、会場を見ていると、どうも毎回、参加者が見たような顔触ればかりなのです。そしてある日、こう言われました。

「先生、今日もええ話だった」

私は愕然《がくぜん》としました。「今日も」か、と。要は、来ている人が毎回同じなんですね。そういう人たちは、すでに防災意識が十分高いわけですから、わざわざ何度も話を聞く必要はないのです。問題なのは、そこに来ない人たちです。その人たちをなんとかしないと、どうにもならない。

私は、このような一般の防災講演会を繰り返してもあまり意味はないな、と思いました。そこで、大人を対象にするのではなく、学校の子どもたちを教育しようと思ったのです。その場合、「一〇年」という期間を一つの目安と考えました。

小学生から防災教育を始めて、一〇年継続すれば、子どもたちは大人になります。そして、もう一〇年続ければ、彼ら、彼女らは親になる。そうすれば、真っ当な防災意識をもった親が、次の世代の子どもを育てるようになる。だから一〇年二区切りだと思っていました。しかし、釜石での最初の一〇年が終わる前——八年目にして「その日、その時」を迎えてしまった。大変残念です。

「災害文化」とは

そもそも、釜石のような津波の常襲地域に、私が群馬の山の中から出かけていって津波の教育をしなくてはならないということが、おかしいようにも思いました。地震が起きたら津波を想起して逃げる、津波警報が出たら逃げる。そうした、いわば災いに備えることがなぜ沿岸地域の常識になっていないのか？　なぜ地域の共通の知恵になっていないのか？

地域の共通の知恵というのは、表現を変えると「災害文化」ということです。

少し話はそれますが、「災害文化」とはどういうことか。一つの例を挙げましょう。

前述したように、日本最大級の津波とされているのは、八重山諸島を襲った江戸時代の明和の津波で、石垣島で八五メートル、宮古島で三〇メートル以上という遡上高が記録されています。その宮古島に、「ナーパイ」というお祭りがあります。「ナーパイ」とは、「縄を張る」という意味です。女性だけが地域の小高い丘に集まり、海に向かって「ダティフ」という竹の棒を立てて海と陸の境を伝えるお祭りなのですが、そのお祭りをやるために、年に一回、海から高台までの道を、住民が草刈をして整備する。それから、高台の拝所も整備して、みんなが上がれるようにする。

彼らは、別に津波対策をやっているわけではありません。しかし結果的に、毎年お祭りをやることによって、未来永劫、避難路の整備がなされていくことになるのです。それは、明和の津波の後に、宮古島の人たちが「後世、あんな思いをしなくて済むように」つくってくれたお祭りのように思えます。

じつは、釜石にもそうした災害文化のようなものがありました。「陣屋遊び」というのですが、五月五日を目標に、山の平地に陣地を作って攻防をする遊びで、各陣地は、他の陣地に負けないように大漁旗を掲げるなど、華やかに飾ります。そして、五月五日当日は、お菓子や弁当を持ち込み、太鼓をたたいたり、ブリキ缶を鳴らしたりして朝から一日中陣屋で過ごすのです。旧暦の五月五日は、明治三陸津波が襲来した日です。陣屋遊びは、先人が考えた、遊びを通じた津波避難所の整備・避難訓練だったのではないかと思うわけです。

人間は、常に忘却する。災害の記憶もまた然《しか》りです。であっても、教訓だけはしっかり受け継いでいかなくてはならない。では、どうやって受け継ぐのか。「ナーパイ」のようなお祭りによってかもしれない。あるいは、別の形があるかもしれない。

どのような形で文化の継承が可能なのか、それぞれの地域で議論していく必要があります（「災害文化」と「風化」については、後述します）。

子どもを介して、親を巻き込む

本論に戻りましょう。

私は、子どもたちへの防災教育を始めるにあたって、まさに「災害文化再生プロジェクト」という位置づけで臨みました。この子どもたちを起点にして、世代間で知恵が継承されて災害文化が地域に定着する。そういう気概で取り組んだのです。

それと同時に、もう一つ、ねらいがありました。

子どもたちの保護者は、事前に「津波防災講演に来てください」と言ったところで、なかなか来ない。それはそうです。毎日忙しいからです。五〇年、一〇〇年先に来るか来ないか、という津波の話よりも、今日明日の生活をやりくりするので精一杯です。そういう方々へ向けて、子どもたちを介して防災意識を広げていけないかと考えたのです。

そこで、最初にこんなことをやりました。子どもたちに、アンケート調査をします。

「家に一人でいるときに、大きな地震がありました。あなたならどうしますか？」

子どもたちの回答を見ると、「お母さんに電話する」「家族の人が帰ってくるのを待つ」というものが多くありました。この結果を、それぞれの家へ持って帰らせたのです。そこに「お母さんへ」というアンケートを付けました。

「お子さんの回答をご覧になって、お子さんが津波に遭遇したとき、無事に避難することができると思いましたか？」

これを読んだお母さんたちは、ドキッとします。そして翌朝、学校の電話がひっきりなしに鳴ったそうです。大成功ですね。

私は、お母さんたちに意地悪を仕掛けたわけではありません。お母さんたちに対して、「お子さんの命を守るために共闘態勢を組みましょう」と呼びかけたのです。子どもの現状を示し、親たちにも津波防災に取り組む動機をもってもらおうとしたわけです。

「絶対に逃げるから」と親に伝える

前に述べた「避難の三原則」に沿って、子どもたちを一生懸命教育しました。津波の恐ろしさ、避難の際の注意点など、災いに備える知恵を教えていきました（写真9）。

例えば、地図に自宅と通学路を書き込み、避難場所に印をつけさせました。子どもたちに、自分だけのオリジナル津波避難マップをつくらせたわけです。それを持って一緒に歩いて、「ここを上がって逃げると言ったけど、ちょっと無理じゃないか？」などと言いながら、地図を見ながら通学路を点検したり、実際の避難場所を確認したりしました。時には、避難訓練に汗だくでつき合いました。そんなことを繰り返しながら、八年間という時間を過ごしてきたわけです。

あるとき、子どもたちにこう聞きました。

「この次の津波がきたとき、君たちはきっと逃げるだろう。でも、君たちのお父さんやお母さんはどうすると思う？」

子どもたちの顔が、一斉に曇ります。なぜかわかりますか。

「お父さんやお母さんは、僕を迎えにくると思う」

迎えに来るとどうなるか、というところに子どもたちの思いは及ぶわけです。そこで私は、不安そうな子どもたちにこう語りかけます。

「今日、家に帰ったら、お父さんとお母さんに『僕は絶対に避難するから、お父さん、お母さんも必ず避難してね』と伝えなさい。お父さんやお母さんは、君たちが逃げることを信用してくれないと、迎えに来てしまう。だから『僕は絶対に逃げるから』と、信じてもらうまで言うんだよ」

そう言って、子どもたちを帰したわけです。そして、お母さんたちにこう伝えました。

「お子さんたちは、家に帰ったら、一生懸命『僕は逃げるから』と言ってくると思います。その背景はどういうことかを説明します。子どもたちは、お母さんの命を心配しています。自分は逃げるつもりだけど、お母さんは僕のこと

写真9

を迎えに来てしまう。そうすると、お母さんはどうなってしまうだろう。そこに思いが及んでいるのです。だから、茶化さないで、ちゃんと正面を向いて、子どもたちと向かい合って、話を聞いてやってください。そして『絶対にこの子は逃げる』という確信がもてるまで、子どもの話を聞いてやってほしい。確信がもてたら、『わかった。ちゃんと逃げるんだよ』というひと言を言ってあげてほしい。それともう一つ。『じゃあ、お母さんも逃げるからね。後で必ず迎えに行くからね』という言葉もかけてください」

これだけのことを、お母さん方に言ったのです。

「津波てんでんこ」は可能か

東北地方には「津波てんでんこ」という言葉が残っています。

震災後、よく使われるようになった言葉ですので、ご存知の方も多いかもしれません。

要するに、「津波のときには、てんでんばらばらで逃げろ」ということです。老いも若きも、男も女も、他人を構わず、一人ひとり逃げなさい、ということです。

聞きようによってはきわめて薄情なアドバイスです。自分の子どもを置いて逃げることが、親としてできるでしょうか。年老いた親を無視して、自分だけ逃げることができるでしょうか。

果たして、そんなことを本当に実践できるかというと、率直に申し上げて、できないだろうと思います。私自身のことを考えても、そう思います。私には娘がおりますけれども、もし地震があって、娘が瓦礫の下に入ったとするならば、私は、たとえ津波が来ることがわかっていても逃げないでしょう。それが普通の人間だと思います。

でも、そうした無理を承知のうえで、このような言葉を先人が語り伝えたのは、そうしなくてはならない理由があるのです。

それは、「家族の絆がかえって被害を大きくする」という、つらく悲しい歴史を繰り返してきたからです。子どもが親のもとまで行って、両方とも死んでしまう。お母さんが子どもを迎えに行って、両方とも死んでしまう。一家滅亡、地域滅亡という悲劇ばかりを繰り返してきた。そういう中でできた言い伝えが、「津波てんでんこ」なのです。ですから、決して軽い言葉ではありません。

私は、「津波てんでんこ」が求めていることについて、こう理解しています。

一つは、老いも若きも一人ひとりが自分の命に責任をもつということ。そしてもう一つは、一人ひとりが自分の命に責任をもつということについて、家族がお互い信頼し合おう、ということです。「お母さんはちゃんと逃げているだろう。だから、僕もちゃんと逃げる。そうすれば、後で迎えに来てくれるはずだ」と思えるからこそ、子どもたちは、一人で一生懸命逃げようという気持ちになれるわけです。

お母さんの立場で考えれば、わが子の安否を確認せずに逃げるなんて、そうたやすくできることではありません。でも、「うちの子は絶対に逃げているはずだ」という信頼があれば、とにかく自分も逃げて、後で必ず迎えに行こう、という気持ちになれるはずです。あるいは、もし気遣うあまり自分が逃げ遅れてしまったら、残された子どもはどうなるのか、ということにも考えが及ぶはずです。

家族間の信頼があってこそ、「津波てんでんこ」が初めて実行可能になるわけです。

「ウチの子は、逃げるなって言ったって逃げますよ」

つまり、「津波てんでんこ」の教えとは、一人ひとり逃げろ、ということだけではなくて、「津波てんでんこが可能な家庭たれ」ということにほかなりません。

東日本大震災の津波で、釜石では一〇〇〇人を超える方が犠牲になっています。釜石の小中学生は約三〇〇〇人ですが、「津波てんでんこ」がどれくらい有効だったのかを知りたくて、調べてみました。具体的には、小中学生の親たちで、犠牲になった方がどれくらいいたかということです。三〇〇〇人の子どもたちの親ですから相当の数になりますが、亡くなったのは、三十数名です。三十数名ですから大変な数ですけれども、でも割合からいうと少ないように思うのです。ひょっとしたら、「てんでんこ」が有効に作用したのかもしれません。

実際に、震災後、釜石の町でたくさんのお母さん方と話をしました。

「お母さん、逃げました?」

「ええ、逃げましたよ。子どもは学校にいましたからね。ウチの子は、絶対逃げますもの。逃げるなって言ったって逃げますよ」

そんな声を聞くと、「ああ、よかったな」と思います。「津波てんでんこ」という先人の残してくれた教訓を、しっかり実践してくれた家庭が確実にあったということです。

地域を巻き込む「こども津波ひなんの家」

防災教育の一環として、「親子で参加する防災マップづくり」にも取り組んできました(写真10)。それについて説明します。

親子に白地図を持たせて、ここが学校で、ここが家、というように色鉛筆で通学路に線を書いてもらいます。そこに碁盤の目をつけて、「この四角の中で地震があったらどこへ行く」「ここだったらどうする」などと相談しながら、通学路を親子一緒に歩いてもらうのです。そして、通学・帰宅途中で地震が発生した場合に助けを求める家を決めて、その家の方に了承してもらうという試みをやりました。了承していただいた家は「こども津波ひなんの家」に指定されます。例えば、釜石の鵜住居地区では八三世帯(二〇一一年三月時点)が指定されていました。

これには、波及効果もあるのです。というのは、「こども津波ひなんの家」に指定された世帯は、自分一人だったら逃げないかもしれないけれど、よそ様の子どもを預かるのだから、逃げざるを得なくなります。

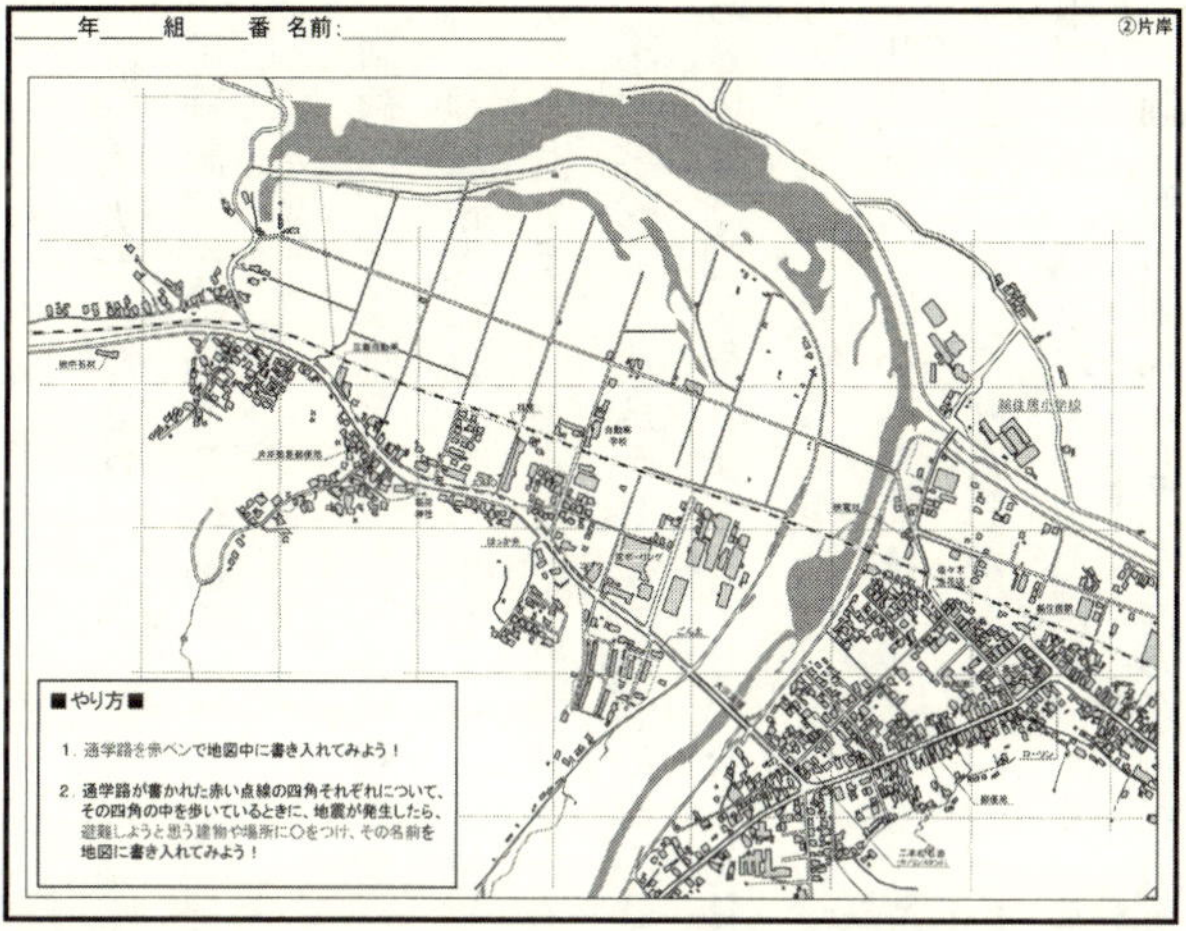

写真10

それだけではありません。指定された世帯の方には、こんなことをお願いしました。

「子どもが来たら、たとえ大丈夫だと思っても、絶対に逃げてください。『大丈夫、津波来ないから』と言ってとどめないでください。逃げて、もし津波が来なかったら『津波が来なくてよかったね』とにこやかに笑って、自宅へ帰してあげてほしい。『よく来たね。またおいでよ』と言って、自分の家へ逃げてきた行動を褒めてやってほしい」

つまり、これは学童対象の防災教育でありながら、同時に、一般家庭の津波防災教育にもなっているということです。

行ってきました。

「助ける人」になる練習

避難訓練を実施するにあたっても、「地域住民を巻き込んだ防災教育」を念頭に置いて訓練は、下校時を想定して実施します。その際には屋外スピーカーで緊急地震速報を流し、地域住民には、あらかじめ協力（避難誘導）を要請しておきます。つまり、お年寄りから子どもまで、みんなで避難訓練をするような習慣をつくりあげようとしたのです。

小中学校でも連携をして、中学生が小学校低学年の児童やケガをした人の避難を支援するという訓練をやりました。リヤカーを使って、小さい子どもや、足の不自由なお年寄りなどを乗せて逃げる（写真11）。「助ける人」になるための練習です。

「助ける人」になるためには、必要なスキルがあります。釜石の中学生は、自分たちでさまざまな学習をやりました。消火訓練、応急処置、救急搬送、非常食の炊き出し、防災頭巾づくり、竹ざおを使った担架づくり、水上救助、津波記念碑の清掃……。

一個一個の訓練にどれだけの意味があるか、と思われるかもしれませんが、意味の有り無しはどうでもいいのです。大切なのは、子どもたちのこういう姿勢です。自分たちが「助ける人」になるためには何が必要なのか、一生懸命考える姿勢です。

私が釜石で取り組んできた学校防災教育は、単なる防災教育ではなかったと思います。それは自然に向かい合って生きるための教育であり、弱き者を助けるという心の教育であり、そして何よりも、「生きる」ということについての教育だったように思うのです。

写真11

私は、釜石の先生方にお願いしていたことがあります。防災教育をするときに、決して津波の話から始めないでほしい、と。釜石の海はきれいだし、食べ物はおいしいし、君たちは、本当にいいところに住んでいる。君たちは自然に思いきり近づいて、海の恵みをいっぱいもらうことができる。ただし、思いきり自然に近づくということは、恵みに近づくと同時に、災いに近づくことでもある。恵みはもらうけど災いはいらない、というわけにはいかない。でも、心配しなくてもいい。大きな津波は五〇年、一〇〇年に一回だ。「その日、その時」だけちゃんと逃げるということをやっていれば、あとは未来永劫、釜石の海の恵みを受け続けることができる。だから津波に備えるんだ。「その日、その時」だけちゃんと対応するということは、この地に、このすばらしい釜石に住むために身につけるべき作法なんだ。だから、それを勉強しようじゃないか——。

私はそういう言い方をしてきましたし、先生方にも、そのように教えてほしいと頼みました。

学校の先生方の努力

ここまで述べてきたように、今回の津波災害において、釜石市の子どもたちの主体的な行動は見事なものでした。その背景にあったものは、私や私の研究室による直接的な防災教育だけにとどまりません。

我々は確かに津波防災教育の足がかりをつくったと思います。しかし、それを市内一四校、中学生約一〇〇〇人、小学生約二〇〇〇人に対して徹底的に教育したのは、我々の津波防災に関する考えに賛同していただき、一所懸命取り組んでくださった先生方です。

津波防災教育において重視したのは、子どもたちに津波防災への姿勢について考えさせることです。そこで私は、先生方と作業部会を立ち上げて教材開発を行い、それを「津波防災教育のための手引き」としてとりまとめました。そこでは、教えるべき項目をまとめることのみならず、すでに組み込まれている各教科の中で教えることを提案しています。

学校の先生方は、こうした授業の工夫のみならず、避難訓練や地域防災活動といった防災の取り組みについても尽力くださいました。このような努力が、子どもたちの被害の最小化に貢献したことはいうまでもありません。

4 人が死なない防災

防災の第一優先は何か

最後にもう一度、日本の防災は何が間違っているのかを考えてみたいと思います。

阪神・淡路大震災以降、日本の防災は本当によくなったのか。よくなったこともあります。例えば、「被災者生活再建支援法」のような法律ができて、行政が、公共の枠組みで被災者を助けるという制度ができました。個人が災害で失った資産を、行政が一部補塡《ほてん》してくれるということです。そういう支援の仕組みが、行政サイドに生まれました。

また、阪神・淡路大震災のあった一九九五年は「ボランティア元年」ともいわれ、多くの方々の力によって、民間ベースで被災地を救うという仕組みもできました。官民挙げて、被災地を救う仕組みが生まれた。これは、間違いなくよかったことです。実際、東日本大震災の被災地にも多くのボランティアの方々が集まり、国内や世界各国から、多額の義捐《ぎえん》金《きん》が寄せられました。そして、いまだに、さまざまな支援が継続されている。日本も捨てたもんじゃないな、と思いたくなることがたくさんあります。それは阪神・淡路大震災以降に生まれた、新しい潮流です。

しかし、それでも「日本の防災は間違っている」と私は思います。

例えば、「被災者生活再建支援法」。これは、災害から生き残った人たちが立ち上がっていくための法律です。ボランティアも、災害から生き残った人たちを支援する行為です。

もちろん、それらは必要な法律であり、行為です。被災地で苦しんでおられる方々を助けるというのは、いわば当たり前のことです。しかし、それが防災の本質でしょうか。

なぜそんなことを言うのかというと、私は、防災の本質は「人が死なない」ことだと思うからです。

あらためて、考えてみてください。東日本大震災では、二万人近い死者・行方不明者が出ました。本当に無念を感じているのは、この二万人だと思うのです。しかし、その無念の塊であるご遺体は、自衛隊や消防や警察が、そっと私たちの目に触れないようにしてくれる。私たちは、その無念さに直接接することなく、生き残った方々の支援に集中できるわけです。それは、いわば「生き残った人たちのための防災」です。

繰り返しますが、私はそれを否定しているわけでも、批判しているわけでもありません。しかし、防災の第一優先は何ですか？「災害ごときで人が死なない」ことです。二番目に大事なことが、生き残った方々のサポートです。災害ごときで、人が死なない。そのための議論をなぜしないのか、と言いたいのです。義捐金を出すことも、ボランティアに行くことも大切です。だけど、大事なことはそれだけじゃないだろう、と言いたいのです。

「帰宅困難」は防災の問題ではない

大震災当日、あるいは大型台風の際、主に首都圏で「帰宅困難者」が大量に発生したことが大々的に報じられました。

正直な気持ちを言うと、私は、その報道を見て腹が立ちました。

帰宅困難者問題というのは、防災の問題ですか？　確かに社会問題かもしれませんが、防災の問題ではありません。生き残った人たちが自宅に帰れず困った、というだけのことであって、三日もすれば解決する問題です。

防災というのは「人を死なせない」ことが最も大事なことであるはずなのに、それをやらずして、生き残った人たちの支援や、三日もすれば解決するような単なる社会問題ばかりを、防災だと考えてしまう。そういう風潮に対して腹が立つのです。「人が死なない防災」へ原点回帰するべきです。

私は釜石で、自分なりに「人が死なない防災」を実現するべく試行錯誤してきましたが、大変残念なことに、道半ばで「その時」を迎えてしまいました。しかし、ここで歩みを止めてしまうわけにはいきません。

私は、津波の犠牲になった方々の無念の思いを全身で受け止めながら、これからも、本当の防災のために働き続けていくつもりです。

コラム① 東日本大震災では、なぜこれだけ多くの犠牲者が出たのか

東日本大震災では約二万人の死者・行方不明者を出した。また、その九割以上が津波によるものである。なぜこれだけ多くの犠牲者を出したのか。その被災の要因を挙げるとおおむね以下の三点に整理することができよう。

まず一つ目の要因は、「想定に縛られていたため、十分な避難をしなかった」ということである。本書で述べてきたとおり、「過去の津波では大丈夫だった」「ハザードマップの浸水想定区域外は安全」「防潮堤があるから大丈夫」といったように、過去の被災経験や行政から与えられた想定に縛られ、その状況下においてとることができた最善の行動をとらなかったことが、津波による被災要因として少なからぬ割合を占めるものと考えられる。

二つ目の要因は、「身体的理由から避難することができなかった」ということである。各県警で公表している死者人定表をもとに、今回の大震災で甚大な被害を受けた岩手県、宮城県、福島県の死者の年齢構成を人口構成比との比較でみてみると、六五歳以上の高齢

図4

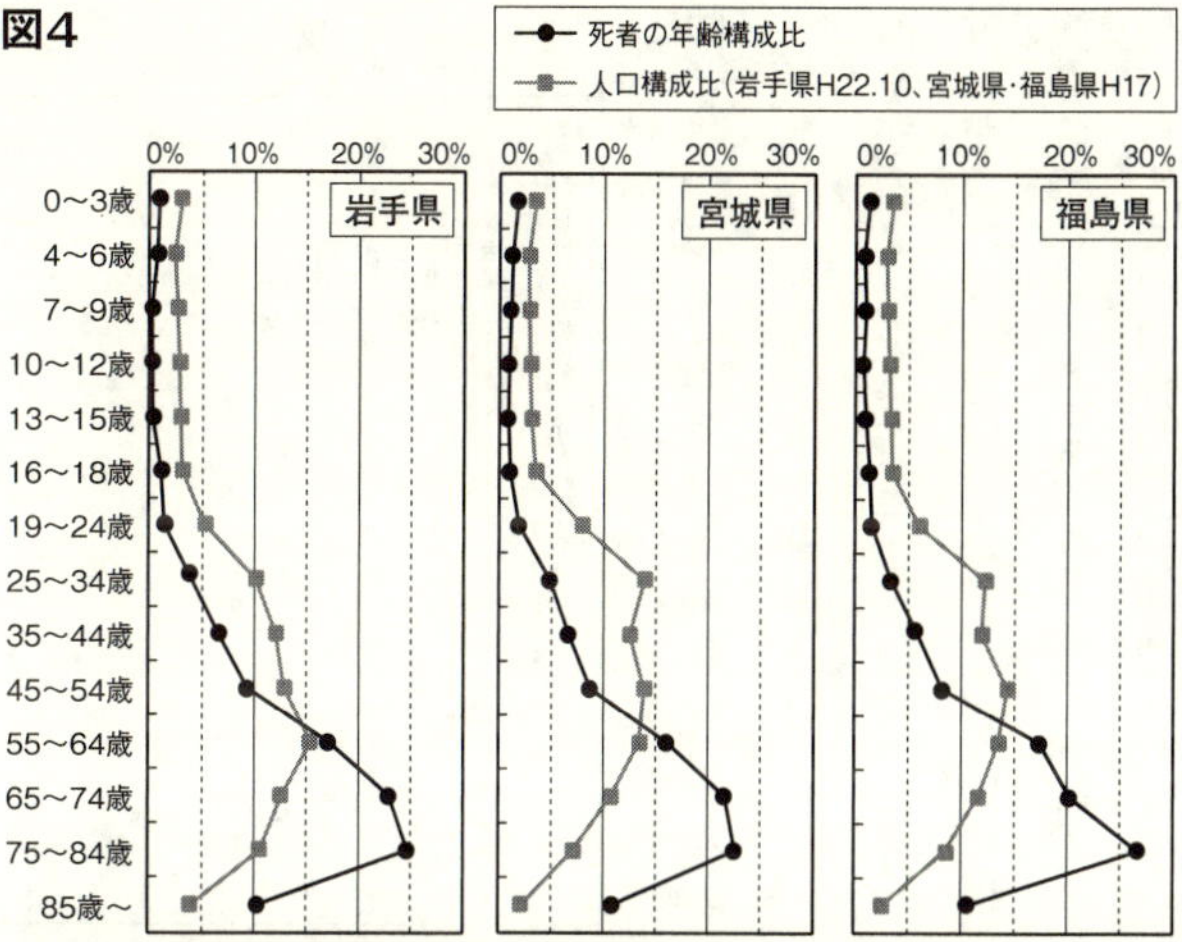

※岩手県警、宮城県警、福島県警の死者人定表をもとに作成（H23.12.12現在）
※年齢不明や住所が県外の死者はカウントしていない

層において、人口構成比を大きく上回っていることがわかる（図4）。

また、年齢層による被災傾向を明確化するために、各年齢層における死者数と人口との比をとってみた（図5）。数値が一であれば、その年齢層では人口分布相応の死者が出たということを示し、一より小さければ相対的に少数、一より大きければ相対的に多数であることを示す。これによると、五四歳以下の年齢層では一倍未満の数値となっているが、五五〜六四歳ではその数値は一倍強、以降六五〜七四歳で約二倍、七五〜八四歳で平均して約三倍、八五歳以上で平均して約四

図5

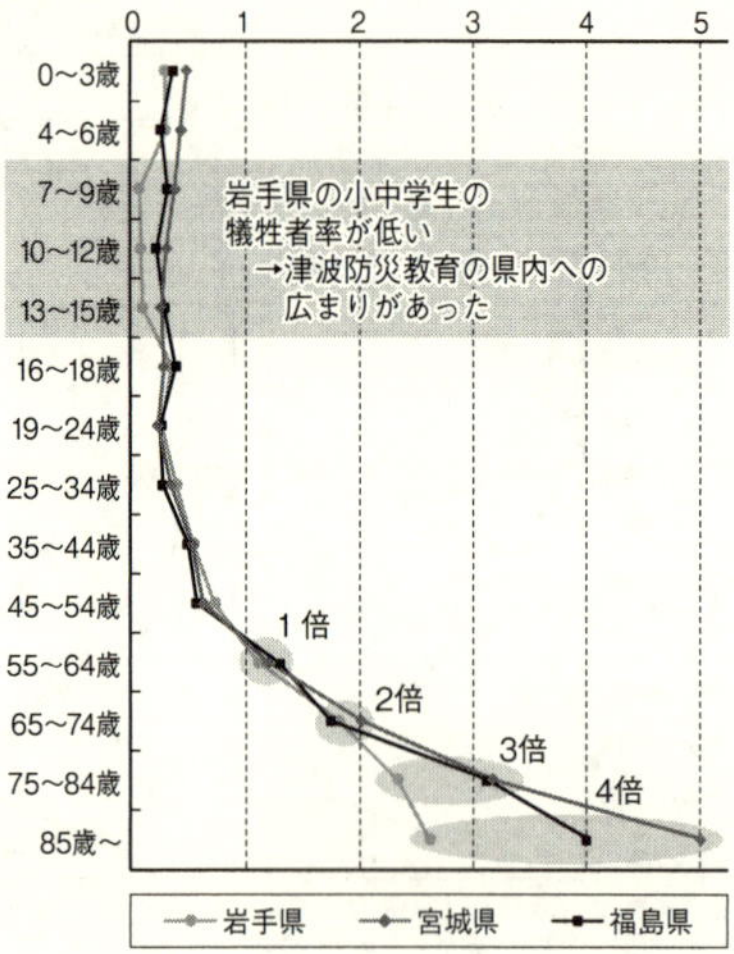

倍となっている。このように、いかに高齢者の死亡率が高かったかが明確であり、高齢者をはじめとする災害時要援護者の避難に関する課題の解決なくしては、災害犠牲者ゼロの実現はあり得ないといっても過言ではない。

そして三つ目の要因は、「状況的に避難することができなかった」ということである。警察官や消防署・消防団員、行政職員、鉄道事業者など、住民や乗客の命を守ることを職責として負っており、状況的に自らが避難することが許されなかった方々がこれにあたる。また、この中には、介護施設の職員、さらには要介護者を抱える家族も含まれる。図4をみると、高齢の家族を抱えることが多くなると思われる中年層の世代から死者の割合が増加傾向にあることがみてとれる。すなわち、高齢者を含む災害時要援護者の避難支援の課題解決にあたっては、災害時要援護者の避難を支援する者の命を守る方策を合わせて検討することが重要であることがわかる。

なお、図5において、岩手県における小中学生（七～一五歳）の子どもの死亡率が、他の二県に比較して顕著に低いことがみてとれる。これは、岩手県における津波防災教育の結果であり、その中には、釜石での津波防災教育を行った先生方が、異動等で他の沿岸地域に普及していただいたことによる効果も少なからず含まれるのではないかと考えている。

コラム② 子どもたちを守るためには、学校と家庭・地域との連携が不可欠

釜石では、今回の大津波災害で、学校管理下にあった子どもたちの命が守られた。しかし、学校管理下になかった五名の子どもが地震・津波の犠牲になってしまったことは先に述べたとおりである。

釜石で犠牲になった子ども五名のうち、二人は学校を欠席していた。ここで、一年間で子どもが学校にいる時間がどれくらいかを考えてみる。一年＝三六五日のうちで登校日数は約二〇〇日、一日のうちで学校にいる時間は約六〜八時間。これで計算してみると、子どもたちが学校にいる時間は、一年という期間のたかだか五分の一、すなわち二〇パーセントであることがわかる。逆に、残りの五分の四、八〇パーセントの時間は、子どもたちは家庭、地域にいるのである。したがって、子どもたちを災害から守るためには、子どもたちへの防災教育のみならず、家庭・地域で子どもたちを守る体制づくりが必要なのである。

また、釜石で犠牲になった子どものうちの一人は、地震後迎えに来た保護者に引き渡し、その避難の最中に被災した。学校で保護者への引き渡しをしている時間、学校の先生はそれに対応しなければならなくなる。津波を伴わない地震の発生後であれば、順次子どもを家庭に引き渡すことに問題はない。しかし、地震後、津波の恐れがある場合、引き渡しの時間は、残った子どもたちの避難の時間を奪うことになる。津波襲来の恐れがある場合、学校は、学校に残った子どもたちの命を守り抜くことに専念しなくてはならない。そのためには、学校と保護者との信頼関係の構築が必要不可欠となる。

子どもたちの命を災害から守るためには、学校と家庭・地域との連携が不可欠である。

第二章　津波を知って、津波に備える

——釜石高校講演録（二〇一〇年七月二日）

津波への備えは、釜石に住むための作法

釜石高校の皆さん、こんにちは。群馬大学の片田と申します。
群馬大学ですからかなり遠いところにいるのですが、じつは、この釜石とは非常に長きにわたっておつき合いをさせていただいております。もう七、八年近くも前に、この釜石の津波防災に関して取り組みを始めました。三陸地方は昔から津波の常襲地域と呼ばれております。こうした地域から津波の犠牲者を一人も出さないようにするにはどうしたらよいのだろうか、という研究テーマのもとで対象の地域を探していたところ、釜石市役所の方々とたまたま別の講演会で一緒になることがありました。そこで「どうでしょう、釜石で津波防災をやりませんか」と話をしましたら、「ぜひ」ということだったので、「では一緒にやりましょう」と始めたわけです。

この中には鵜住居の釜石東中学校を出た方、唐丹《とうに》の方もいらっしゃると思うのですが、それらの地域では小学校や中学校に何度となく訪問してはお話しさせていただいておりますので、「ああ、あの先生知っている」という方もいらっしゃるかもしれません。私は、

釜石市の危機管理アドバイザーという、この地域の津波防災をどうすればいいのかということに対して、私の研究成果に基づいていろいろアドバイスをする役割を仰せつかっています。

それからもう一つ、釜石応援ふるさと大使という役割もあります。釜石のいいところを外でどんどん宣伝してくれ、と市長さんに頼まれたものです。私は何度か通ってくるうちに、だんだん釜石のことが好きになっていきました。私が住む群馬県は山の中です。さらに生まれが岐阜県なものですから、釜石に来ると、まずもって海のものがおいしいということがあります。そして、海が目の前に広がり景色もきれいで、「ああ、いいところだな」と心から思っています。それから、その昔から私はラグビーファンで、新日鉄のラグビー部が日本選手権七連覇を果たした時代から、釜石というのは私にとって身近な存在でした。

釜石応援ふるさと大使として話をするときには、「釜石はこんなにいいところだ」という話をするのですが、しかしその一方で、危機管理アドバイザーとして、皆さんにとってはあまり気持ちのいい話ではない、嫌な話、津波の話もしなければならないのです。

釜石をはじめ、この三陸沿岸は、歴史をたどると明治三陸津波がありましたし、昭和三陸津波でも、一九六〇年のチリ津波でも多くの犠牲者を出しています。そういう話をすると、「釜石はこわいところだ」といった話しかしないことになってしまう。しかし、釜石の人々は、自然に思い切り近づいて、自然からの恵みをいっぱい享受して、こんなに豊かな生活をしている。そして、自然に近づいているからこそ、時に自然の大きな振る舞いにもつき合わなければならない。それが「津波に備える」ということです。

つまり、津波に備えるということは、この地に住むための作法であって、最低限の条件なのだろうと思います。したがって、皆さんは津波にしっかり備えてもらわなくてはならないのですが、そうした恐い話ばかりではなくて、豊かな釜石にずっと住み続けるためにこそ、津波防災をしっかりやっておかなければいけないというように理解してほしいのです。そういう思いの中で、私は釜石応援ふるさと大使を仰せつかっているのです。

インド洋津波の惨状

以上は、ざっと私の紹介でしたが、今日は皆さんに津波の話をしようと思っています。

特に高校生の皆さんですから、なぜ逃げなければいけないのか、また津波とは何なのかということに対してしっかり理解をしていただこうと思いまして、津波の現象はどうして起こるのか、どうして人は逃げないのか、そうした少々理屈っぽい話をあえて選んできました。

まず、津波というと、二〇一〇年二月末にチリ津波の騒ぎがありましたね。それ以前にも、二〇〇四年一二月二六日にインド洋津波というのが発生して、そのときにはなんと二三万人が亡くなりました。二三万人ですよ。皆さんは高校生ですから、当時は小学校の中学年から高学年ぐらいだったでしょうか。覚えていますか？　当地の様子がたくさん映像に流れました。津波はインド洋のビーチリゾートの近くであったので、当時現地にいた多くの方がカメラやビデオを持っていて、たくさんの映像が残っています。鮮明な映像や写真が撮れたのは、このインド洋津波が初めてといっていいぐらいです。

その映像を見ると、津波で車が流れています。家が、壊れた瓦礫として流れています。木も折れて、そして電話ボックスまで流れている。皆さんは津波というと、葛飾北斎の浮世絵のような、大きい波が一つドーンと来るというイメージではありませんでしたか？

違います。もはや海からの大洪水です。この津波の中にもし人がいたとしたら、生きて出てこられるのか、絶対に無理ですね。

どうしてこういうことが起こるのか、この結果どのようなことが生じるのか、という話はあとでするとして、このインド洋津波が襲来した後に現地に入って見てきたことを、そのまま、私が撮った写真でご紹介します。

私は、二〇〇一年にイチローがシアトル・マリナーズに入団したとき、まったく同じタイミングで、シアトルにあるワシントン大学で津波の防災研究を始めました。インド洋津波ではいろいろな国が分担して調査に入ったのですが、私はそのときの研究仲間がいたアメリカのチームに入ってインドに行きました。

インドでいちばん被害が大きかったのはチェンナイ、昔マドラスといったところなのですが、私たちが調査に入ったのは、チェンナイからナガパッティナムまでの沿岸です。二〇〇五年の年明けすぐに現地に入りました。

まず、チェンナイの写真です(写真12)。私が最初に津波の被災現場を見たときの状況です。何が写っているのかよくわからないでしょう。写真の真ん中あたりに犬が一匹います。ここに屋根が崩れ落ちた状態です。このあたりは、みんなヤシの葉っぱを葺《ふ》いた家なのです。それが全部崩れ落ちてぐちゃぐちゃになった状況でした。チェンナイの町から車で五分ぐらい行ったところでもこういう状態でした。

次は、その近くの海岸です（写真13）。棒がいっぱい立っています。何の棒かわかりま

（上から）写真12、13、14

すか。全部、家の柱です。家の柱がこんな棒だということが何を意味しているかというと、この被災地は極貧の地ということです。インドにはカースト制度という身分制度があるのを知っていますか? 授業で習いましたよね。四階級ぐらいあるのですが、アウト・オブ・カーストといわれるカーストの外側、身分制度にも入れてもらえないような貧しい人たちが暮らしている家は、こんな細い棒を立てたような柱が四本あるだけの、いわば掘っ立て小屋です。そこに津波が襲って、残ったのはこの柱の部分だけという光景です。

これはナガパッティナムといういちばん南の港の写真です(写真14)。津波は、海からドーっと潮が押し寄せてくると、港の中の船が川に沿って上がっていきます。当然海の水ですから、低いところ低いところに入っていきます。そうすると津波は川を遡上してくるんですね。そのために、この橋に海からの船がみんな押しつけられて、瓦礫のように折り重なって、橋の欄干が取れてしまっています。

このときの光景は、私は今でも忘れられません。この折り重なった船の中にまだ人が残っています。これは一月一〇日の写真ですから、津波が起こってから二週間ぐらい経っていますが、まだ中に人が残っているのです。ここの橋の上を、「自分の夫がまだあの中にいる。助けてくれ」と言って奥さんが泣きながら歩いていました。

海岸部では、流木を集めて遺体を荼毘《だび》に付している。燃やしているわけですね。たんぱく質の焦げるそのにおいといい、そのときの砂ぼこりといい、ここを泣きながら歩いている多くの人たち、「助けてくれ」と言っている人たちの中で、本当に人生観が変わるような思いをしながら、現場に立ちました。津波というのはここまでひどいものなのか、ということをまざまざと見せつけられた現場でした。

津波被害者の肉声

私は、津波そのものの現象というよりも、社会として津波の被害をどう減らしたらいいのかという研究をしています。そうすると、被災者の方々に直接声をかけて聞き取りをしなければならない。そのときどういう避難をしたのか、どういうふうに津波のことを思っていたのか、と声をかけなければならなかったのです。

次の写真は、先ほど柱がたくさん立っていたところと同じ場所です（写真15）。この人は、私が現地に入っていちばん初めに声をかけた人です。彼女はインドの女性が着るサリーという服を細く引き裂き、その布で地面を囲んで、「ここに私の家があった」ということを主張しているわけです。そして、座り込んで海を見つめている。

私はこの人に話を聞きたくて、でもなかなか声をかけられませんでした。目の前でこの状態で座っている方に「どうでした？」と聞ける心境になれなかった。でも、私がアメリカの調査団から担ったミッションを遂行するには、どうしてもこういう方々に話を聞かなければいけないということで、この人の前を行ったり来たりしながらやっとの思いで声をかけました。そうしたらこの女性は、「海から大水が来て、自分の子どもも亭主も家も幸せも全部もっていってしまった」と言って涙ぐんでおられるわけです。座ったまま私のほうを見上げて、目からいっぱい涙をこぼしている。声をかけたことを後悔しました。私自身が次の言葉が継げない。悲惨に決まっていますよね。わかりきっているのに、そのときに「どうでしたか？」と声をかけたことそのものに後悔しました。

それから、これは二人目の写真です（写真16）。この人は最初、壁のところにもたれかかって煙草《たばこ》をふかしていました。話しかけやすそうだったので、「津波のときどうでしたか？」と声をかけたんです。壁の向こうは家が全部崩れ落ちていて何もない状態で、壁だけが残っている。そこにもたれかかっていたのですね。声をかけたら、「孫が一人残った」というのが最初の言葉でした。饒舌《じょうぜつ》に、そのときのことを話してくれました。「その日の朝、ヒンズー教の寺院にお祈りに行っていた。そうしたら海から大水が来たというので、なんだなんだといって家へ向かって歩いていったら、前から水がダーッと流れてきて、瓦

（上から）写真15、16、17

礫もいっぱい流れてきた。それをかき分けて、やっと家までたどり着いたら、この壁の向こうの泥水の中に孫が一人うつぶせになって浮かんでいた。その子だけを助け上げたんだけど……」と、そこまでは饒舌に語ってくれました。しかし、漁師であるこの方は「これから先どうしていこうか。網も船も何もかもなくなってしまって、孫が一人残った。どうすればいいんだろうね、これから……」と言うと、だんだん下を向いて、ついに最後は何も語れなくなってしまいました。この場を離れるときに頭を下げてくるのがやっとでした。

それから、この女性は若いお母さんです（写真17）。まだ一五、六歳だと思うのですが、子どもを亡くしたんですね。これは一月九日の写真だから、津波から二週間ぐらい経ったときのことなのですけれども、偶然にも前を歩いていて目が合ったものですから、「家が大変なことになってしまいましたね」と声をかけました。いろいろ話をしていたら、どうも子どもがいなくなったと。津波というのは、波が引いていくときに海へ全部もっていってしまう。だから遺体が見つからないことが非常に多いのです。この女性は、しきりに悔やんでいました。何を悔やんでいたかというと、本当に極貧の生活を送っていて、子どもを亡くしたことよりも、「生きている間に一回たりともおなかいっぱい御飯を食べさせてやることができなかった」と悔やんでいたのです。

明治三陸津波の被害状況

当時、私はまだ津波防災研究を始めたばかりでした。いかに津波というものが悲惨で、何もかもなくしてしまう恐ろしい災害なのかと考えたときに、はたと思ったのは、日本は津波の常襲国だということです。英語では、津波をそのまま tsunami といって通用します。もともとは tidal wave という英語があるのですが、今はもう tsunami という世界語に統一されているぐらい、日本は津波の常襲地域なのです。

ここ三陸沿岸は津波常襲地域の中でも被害のひどいところで、残念ながら、この釜石もその一つになるわけです。明治二九（一八九六）年の明治三陸津波では、東北三県（青森、岩手、宮城）で約二万二〇〇〇人もの方が亡くなっている。当時の人口から考えると、すごい数ですよね。それから昭和八（一九三三）年の昭和三陸津波、このときも死者・行方不明者三〇〇〇人以上。そして昭和三五年のチリ津波と、繰り返し起こっている津波災害、これがこの地の自然的条件なのです。だれが悪いわけでもない。この地に昔から津波は来ているということなのです。

なかでもひどいのは明治三陸津波で、六月一五日、旧暦では五月五日、端午の節句の日の夜八時ぐらいに起こりました。

大きな地震が、陸地から離れた三陸沖を震源としてありました。覚えておいてほしいのですが、「地震が大きい」ということと「地震で大きく揺れる」ということは別物です。例えば、二〇一〇年二月末にあったチリ津波のように、チリで大きい地震があったとき、当然、釜石は全然揺れなかったですよね。しかしその津波は、チリから約二二時間かけて日本に到達しました。

明治三陸津波でも、震源地では大きい地震があったのですが、ゆっくり動く地震であったため、釜石のあたりは震度1か2くらいでした。大して揺れていない。ところが、大きな地震ということはマグニチュードが大きいということで、海底の断層がドーンと大きく動いていますから、大きな津波が発生します。津波は水の中をエネルギー伝播《でんぱ》してくるわけですが、水の中でエネルギーはほとんど減衰しません。そのままの大きさで来ます。したがって、陸地の揺れは小さい、けれども到達する津波は大きいということになるわけです。

当時の釜石警察署の署長さんは、釜石町長と当地の県会議員宅でお酒を飲んでいたようです。そこで戸外の騒ぎ声を聞き、外へ出てすぐに水にのまれてしまった、というような記述が残っています（中央防災会議「1896明治三陸地震津波 報告書」）。当日は端午の節句ですから、どこの家も夜の八時には起きていて、祝いの膳《ぜん》を囲み、酒を酌み交わすところもあったようです。お父さんたちは晩酌をやっていたのでしょう。そうしたなかで、揺れを感じた人も感じない人もいる。当時のことですから、今のように津波警報も何もない。そこへ突然、大波が来たわけです。

特にひどかったのは宮古市の田老、昔の田老村ですね。一八五九人の村人が亡くなり、当夜、難を逃れたのは三六人だけでした。また無傷で生き残った人の多くは、沖合にいた漁師さんです。深い沖合にいると、津波が通過したことを感じないのです。そもそも、「津」という漢字は古い言葉で「港」という意味です。沖合にいるときには大した波は感じなくても、港に戻ってくるとやられているので、港で起こった波のように思われる。だから津波というのです。田老村では、明治三陸津波でも、そして昭和三陸津波でも大きな被害を受けました。田老に行くと、すごい防潮堤があるのを知っているでしょう。あれを見ると、どんな波だって大丈夫じゃないかと思うぐらいの防潮堤ですが、こうした悲惨な過去が背景にあるのです。

そして、この釜石でも大変なことが起こっています。明治三陸津波当時の釜石町の人口は六五二九人。そのうち四〇四一人が亡くなっています。この釜石で、です。皆さんは知らなかったでしょう。六五〇〇人のうち四〇四一人も亡くなっているのです。なんでこんなことを知らないのだろうか、と思いませんか。今の釜石の人々にいちばんそれを伝えたかったのは、この亡くなった四〇四一人だと思います。

チリの津波がなぜ日本へ来るのか

二〇一〇年二月のチリ津波は、約二二時間かけて日本に到達したのですが、じつは、五〇年前の一九六〇（昭和三五）年には、マグニチュード9・5という史上最大の地震が同じ場所で発生しています。チリ沖はいつも最大級の津波が起こるところで、その原理は日本と同じです。プレートが沈み込んでいるところでひずみがたまり、そのひずみに限界がくると跳ね上がって、大きい地震が何度も起こっている場所なのです。

昭和三五年のチリ津波の再現シミュレーションを研究室でやってみました（図6）。チリはだいたい日本の裏側に当たります。距離が最も離れているので、一見、いちばん安心そうに思えませんか。日本に来る頃には大丈夫かな、と思うでしょう。じつは違います。それは皆さんが地図をメルカトル図法でしか覚えていないからです。地球は「球」だ、と考えることが重要になります。北極で地震が起こったとすると、津波は四方八方に広がって最後にどこに行きますか？　広がった津波が全部まとまって南極に行くでしょう。日本の真裏にあるチリとは、要するにその関係にあるのです。だからチリで地震が起こって津波が発生すると、全部まとまって日本に集中して来るのです。そして、発生から二二〜二三時間後ぐらいで、ここ釜石あたりに津波が到達することになります。

チリの本当の裏側というのは、地球儀で確認してみると、おそらくモンゴルあたりです。ところが、チリから日本まで到達する間にハワイがあります。あのハワイが、ちょうど日本に照準を合わせるように波を曲げるのです。つまり、チリ沖で津波が起こると、どうやっても日本がいちばん被害を受けやすい場所になるのです。距離がいちばん遠いからいち

図6

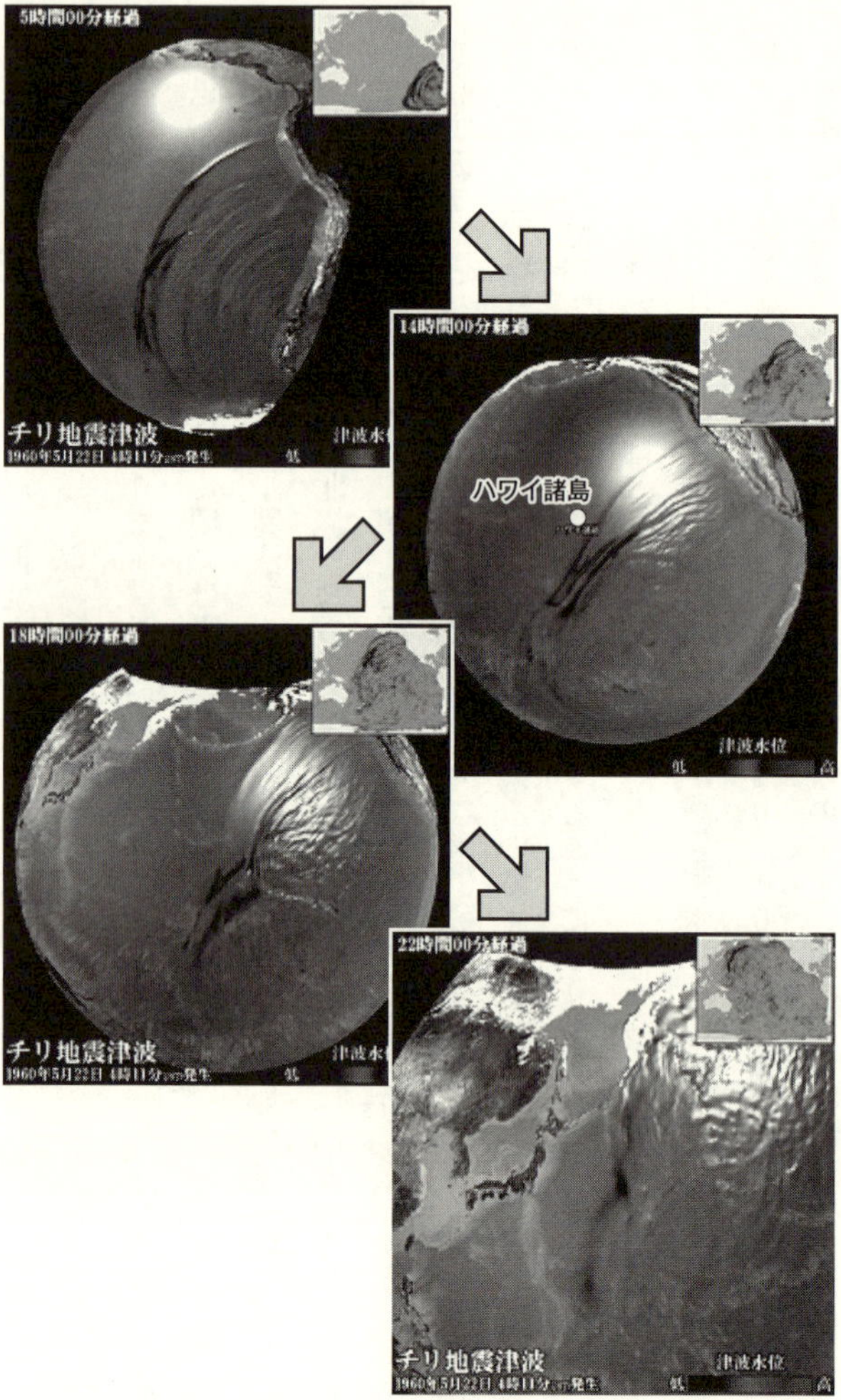
5時間00分経過
チリ地震津波
1960年5月22日 4時11分
発生
14時間00分経過
ハワイ諸島
津波水位
低
高
18時間00分経過
チリ地震津波
1960年5月22日 4時11分
発生
22時間00分経過
チリ地震津波
1960年5月22日 4時11分
発生
津波水位
低
高

ばん安全だと思うのは間違いです。そうした観点から、二〇一〇年のチリ津波のときも本当に緊迫しました。ただ、我々専門家や行政は緊迫していましたが、皆さんのお父さんやお母さん、また皆さんも含めて、社会的にそれほどの緊迫が走ったかというと、そうでもないのではないでしょうか。

津波のメカニズム

ここまでで、津波の恐ろしさはわかってもらえたかと思います。そこで、津波について、きちんとした知識をもっていただきたい。なぜ津波は起こるのか、普通の大波と津波は何が違うのか、なぜ巨大なのか、どうして被害が大きくなるのかということを話します。

津波が起こるメカニズムは、だいたい皆さん知っていると思います。日本はプレートの上に乗っていて、北米プレートの上に東北地方はあるのですが、その下に太平洋プレートがどんどん入り込んでいる。年間八センチといわれています。大したことないように思うのですが、五〇年経つと四メートル。一〇〇年経つと八メートル。年月が経つにつれ、プレートのひずみが耐えられなくなってきます。そうすると、ひずんだ所が跳ね上がるか、またはボキッと折れるか、そういうことがプレートとプレートの間で起こります。その衝撃が海に伝わって、津波が起こるわけです。

このため、津波はほぼ等間隔に近い周期性をもって、繰り返しやって来ます。皆さんは「津波って来るかもしれないし、来ないかもしれない」と思っていたでしょう。津波は、残念ながら必ず来ます。ただ、それがいつなのかわからないだけです。

東海・東南海・南海地震について見てみますと、この震源域もフィリピン海プレートがどんどん日本の下に入り込んできています。一六〇五年に慶長地震、一七〇七年に宝永地震があって、このとき大きな津波が起こっています。宝永地震から一四七年後の一八五四年の安政東海、安政南海地震では二つの津波がほぼ同時に起きました。この間、三〇時間ほどの時間差があります。プレートが途中まで崩壊して、次が三〇時間後に来たのです。

その後も、一九四四年の東南海地震によって津波が発生し、その二年後に南海地震があった。しかし、東海地震の部分だけ破壊がなかったので、そこだけひずみがたまってしまっている状態なのです。最近、「東海地震がいつ起きてもおかしくない」といわれているでしょう。それは、その部分だけ破壊が起きていないからです。しかし過去を見ると、全

図7

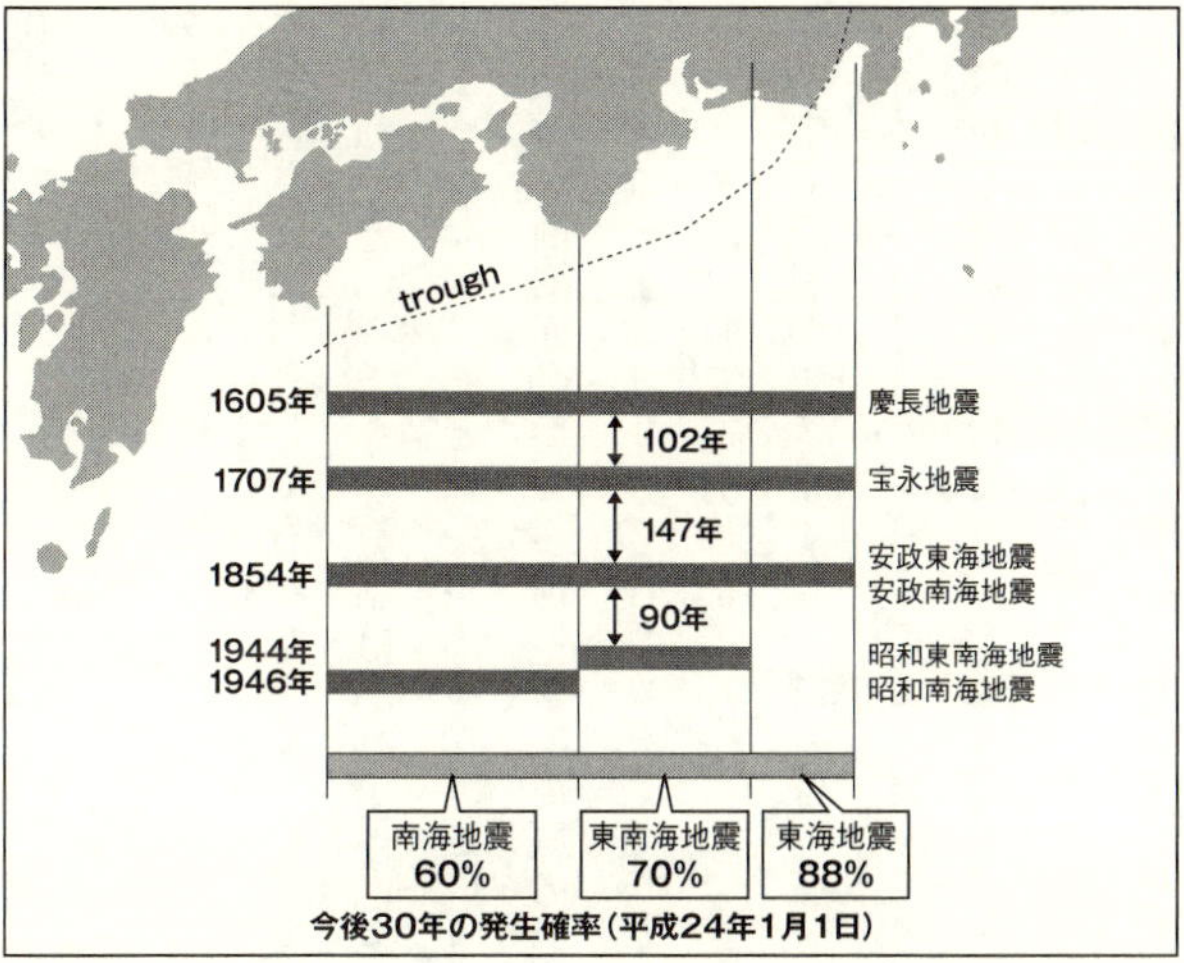

部まとまってプレートが動くことが多いため、次に起こるときには東海・東南海・南海がいっぺんに動くのではないか、と心配されているのです（図7）。

東海地震は、いつ起きてもおかしくない。では、この東北地方はというと、宮城県沖地震は向こう三〇年間に起こる確率が九九パーセントです（二〇一〇年七月当時）。つまり、絶対に起こる。それが今後一〇年なのか一五年なのか、いつ起こるかというのはわかりません。地震の予測技術をもってしてもそこまではわからない。ただし、地震はいつか発生する、そして津波は必ず来る、ということは確実なのです。

波ではない。「水の壁」だ

まず皆さんにどうしてもわかっておいてもらいたいのは、「津波こわいね」「来なきゃいいのにね」というような会話はあり得ないということです。「津波は必ず来ます」としか言いようがない。あとはいつ来るか、という問題だけです。

津波は、断層が動いて、海の中で海底の地形が変化することで起きます。よく、一〇メートルとか一五メートルの津波が来たといいますね。なぜそんなに大きな波が起こるのかということについて説明します（以下、図8参照）。

海の中で断層ができますね。例えば、三メートルの断層ができる。すると、そのまま海面の水も三メートルの段差がつきます。この段差が津波そのものとなります。これがそのまま移動していくわけです。ただ、普通の波は周期が短いので、海がしけたときに「今日の海上は五メートルの波です」ということを聞きますが、家を壊すほどのものではありません。波長が短いので、ザバッと来て、それで終わりです。ところが津波の高さ五メート

図8

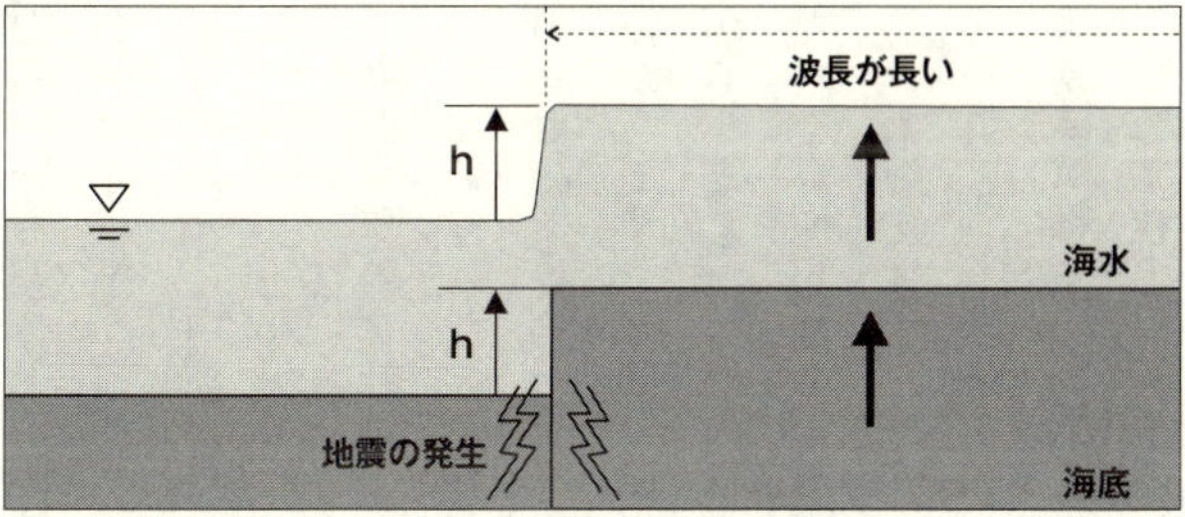

ルというのは、もはや波ではないわけですね。波だけれども、ものすごく周期が長い。無尽蔵の水が一挙に入ってくる。そうすると、陸地に、海から水の壁が大挙して押し寄せてくる。海からの大洪水となって、家々を全部壊し、瓦礫にして流していく。それが津波の恐さです。

例えば、海底の段差が三メートルなら最初の津波は三メートルです。ところが実際に陸地に上がってくるときには、これが五メートル、七メートル、一〇メートルと、大きい波になる。

津波は、海底の深いところでは時速八〇〇キロぐらいのスピードで伝播していくので、チリ津波は丸一日あれば日本に来てしまうわけですね。けれども、浅くなると急ブレーキがかかります。水深五〇〇メートルで新幹線並み、一〇〇メートルで車並み、一〇メートルで人間が走るぐらいのスピードになる。そうなると、津波は背後からすごいスピードで来るのに、進む前面で急ブレーキがかかってしまう。そのため次から次へと津波が積み重なって、どんどん高くなっていく。向こうの沖合に白波が立ったと思ったら、目の前に来たときに波が急に立ち上がってくるのは、こうしたメカニズムに則《のっと》ったことなのです。

一九四六年のアリューシャン地震の津波では、灯台の光が波をスクリーンのように映している、そうした絵が残っています。このアリューシャンの津波は曰《いわ》く付《つ》きでして、ハワイのヒロの海岸まで行っております。英語でtsunamiといわれるようになったのはこの津波からです。ヒロの海岸には日本の開拓者がいっぱい暮らしていて、当時新町という地域がありました。その日本人たちが、アリューシャン津波のときに「津波だ」と言って叫んだ。それを現地の記者が書き取って発信して、そこから世界の共通語としてtsunamiとなったわけです。

津波は複雑な挙動をする

これだけではありません。津波は物理現象として非常に複雑です。入り組んだリアス式海岸の中でどんな挙動をとるのか。ここでは代表的なものをいくつかご紹介します。
まず、釜石湾、大槌湾、両石湾、唐丹湾と湾になったところは、津波が来ると湾の奥で高くなる。理由は簡単です。湾に入ってきた波が、横幅が狭くなるとその水はどこに行くか。上に行くしかない。だから、湾奥になると一気に高くなる。では、湾奥が高くなるのだったら岬の先端は小さくなるのかというと、ここでもまた大きくなるのです。研究室でつくったシミュレーションを見ていただきます（図9）。津波が近づいてきます。岬のようなとがったところに津波は集中します。湾奥ではなくて岬のとがったほうだから大丈夫と思いきや、このように岬の先端でも津波は高くなります。

図9

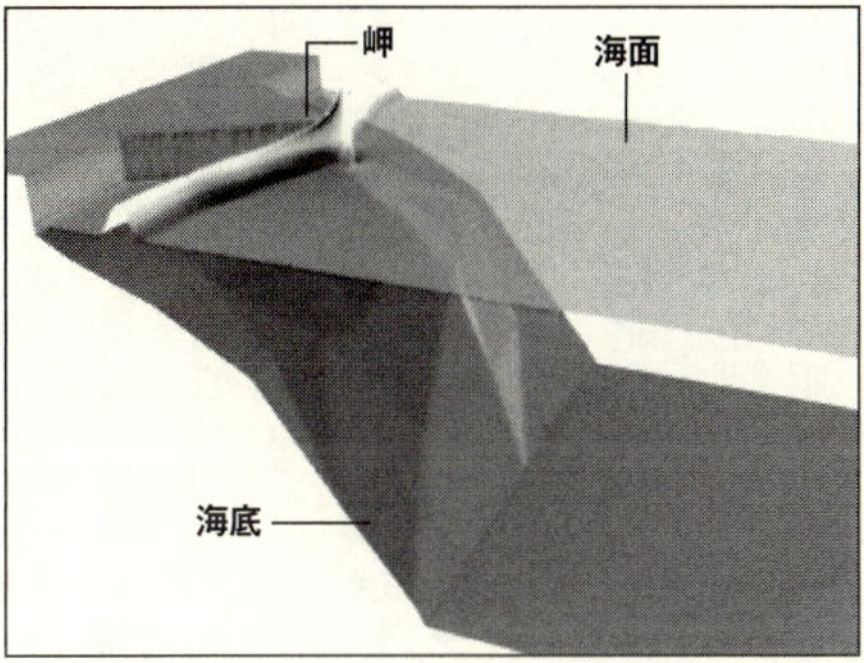

　それだけではありません。島があるとどうなるか。津波が島の正面から来たときに、真正面で津波が大きくなるというのはわかりやすいですね。では、いちば

ん安全なところはどこか。反対側と思うでしょう。違います。津波は、ぐるっと島を取り巻いていって、最後は島の裏側で出合います。ちょうど反対側で高くなるわけです。つまり、島の正面も危ないけれども裏側も危ない。波というのは独立性がありますよね、物理で習ったように。なので、一方で五メートルの波が来て、他方からまた五メートルの波が来ると、出合ったところで足し算になって一〇メートルになり、また何事もなかったようにすれ違っていく。波の合わさったところで高くなるという現象が島の裏側で起きるということなのです（図10）。

一九九三年に北海道の奥尻島で津波がありました。震源地は島の北西でしたが、島のいちばん南側の青苗地区に五メートルくらいの津波が襲って被害を受けました。さらに、そこから少々離れた西側の藻内《もない》という地区では二三・三メートルという津波を観測しています。

「第何波」が大きくなるかわからない

二〇一〇年二月末のチリ津波のときに「津波が何波も何波も来るからすぐに家に帰らな

図10

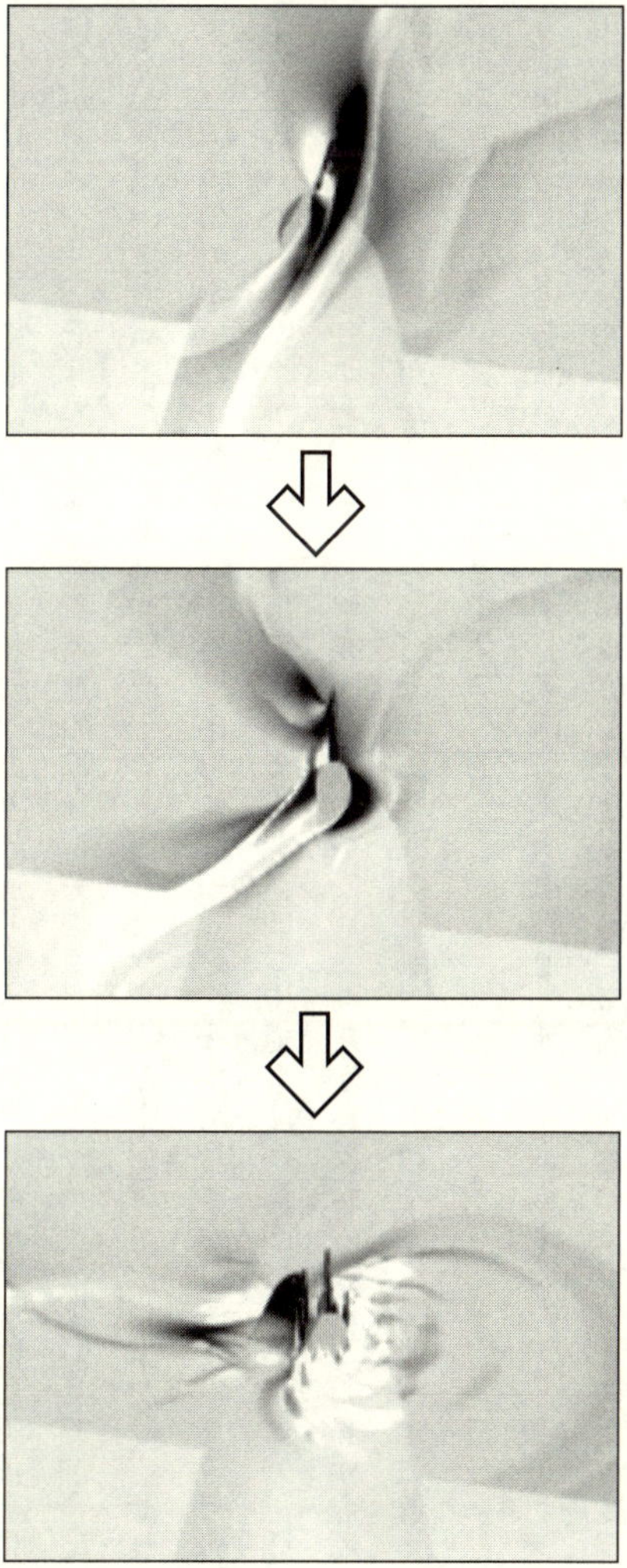

いでください」と言われましたよね。なんでそういうことが起こるかというと、丸い湾になっているような形状のところでは、湾内トラップという現象が起こるからです（図11）。

津波は浅い方向に曲がろうとする特徴があります。そうすると、陸地で反射して沖合に行くかというと、そうではなくて、陸地のほうに戻ってきてしまう。また反射して沖合に行くかと思いきや、また陸地のほうに戻ってきてしまう。湾の中で行ったり来たり、それを繰り返すのです。なかなか津波が外へ出られない。いつまでも行ったり来たりを繰り返して、時々エネルギーが湾の外へ出ていきますが、いつまでも波が湾内に残る。この三陸沿岸のような地形ですと、こうした要因も加わって、あちらから反射の波、こちらから反射の波、こうした波が全部合わさって、時おり波が上がって、もはやどこで津波が大きくなるのかわからない、ということです。

高知県の南岸にも湾がありますが、東南海・南海の連動地震による津波のシミュレーションで確認したら驚きました。第一波が二〇分ぐらいで高知に到達します。ここで一度、波がおさまったように見えます。しかし、湾の中で波は行ったり来たりしているわけです。落ち着いたかなと思いきや、また大きい波が時おり出てくる。三時間後でも、湾内を波が

図11

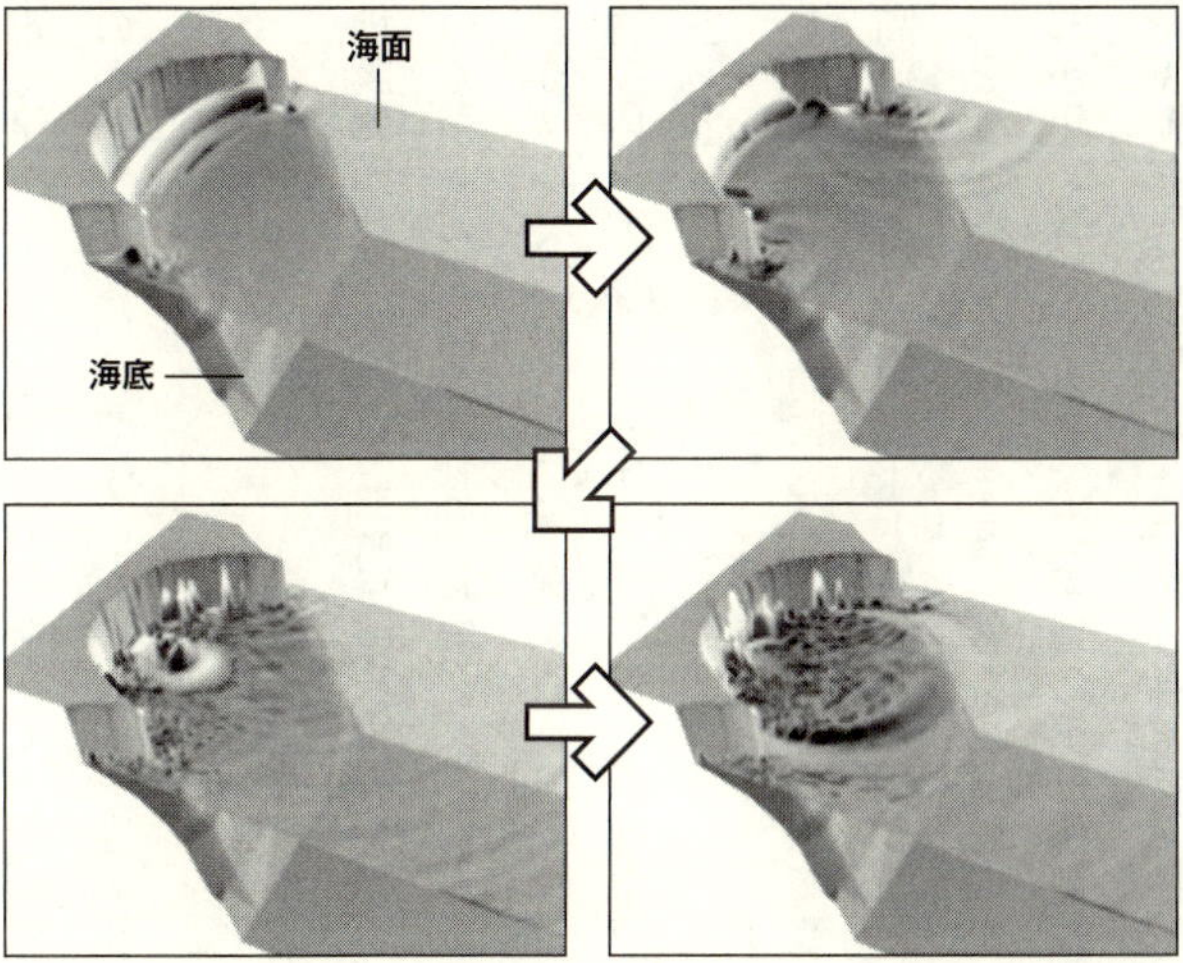

まだ行ったり来たりしている。さらに細かな微小地形の中では、湾の中に入ったり、岬の突端で高くなったり、複雑な動きを繰り返します。手前に島があったら、さらに高い波が現れる。こうした動きが最終的に六時間先までも続きます。

そうしたわけで、チリ津波のときにも、津波警報がなかなか解除されず、「すぐに家に帰ってはいけません」と言われたのです。第何波が大きくなるかわからない。釜石もそうです。チリ津波のときには第一波、第二波、第三波、第四波になるにつれ、だんだんと大きくなってきて、結局、第四波がいちばん大きかった。しばらく津波がなくて、夕方になって大きい津波が突然来た。どういう津波がどのように来るのかわからないのです。だから、一度避難したらしばらくは帰ってはいけないということになるわけです。

地震発生から四〇分で、町は水に浸かる

いくつかの要点を話しましたが、とにかく津波は必ず来るということ。そして、局所的に波が大きくなるという不確実性が非常に高い現象なので、津波警報が出たらとにかく避難する必要がある。それは今述べたような理由によるということを、よく覚えておいていただきたい。

ちなみに、釜石湾においても津波浸水予測図というのがありますが、この辺りのいちばん高いところでは六メートル以上という予測もありますね。釜石は本当に大きい津波が来ることが予想されています。津波の到達時刻は、大体三〇分ぐらいです。このように大きい波が短い時間で来る。この前のチリ津波は遠地津波だったので十分に逃げる余裕があったと思いますが、今心配されているのは、宮城県沖やその付近で津波が起こった場合です。

本当に短時間、二〇分ぐらいの時間でどうやって高いところに避難するかということが重要になります。

県が作成した津波シミュレーションによりますと、地震が起きてから二二分くらいで海面が上がってきます。津波というのは海の水位が高くなる現象で、もちろん波としては上がってくるのですが、川沿いに遡上してきます。潮位が上がりはじめて、三三分ぐらい経つと市街地を津波が襲います。釜石湾の水位が高くなってくるようなもので、大波が来るというより、その高くなった水位によって浸水していくという、そんなイメージになります。釜石の市街地もどんどん水が入り込んで、しばらくすると、今度は川の水がずっと逆流していきます。地震が起きてから四〇分経つと、市街地はほとんど全部水に浸かってしまいます。

だから皆さんは、大きい地震があったら、まずは一五分、二〇分の間に、津波よりも高いところに上がっていなければならない。それが、津波の避難に求められることになるわけです。

津波警報の数値について

なぜ逃げなければならないのか、ということはよくわかっていただけたと思うのですが、ここでもう少し、二〇一〇年のチリ津波のことを振り返っておきましょう。

五〇年前にも大きいチリ津波があったという話をしました。そのときにもハワイに津波センターがあったのですが、そこからの情報がうまく活用できず、何の情報もない状態の中で突然、津波が来ました。しかし今回は、津波が来るまでに発生からおおむね二二時間あったものですから、早い段階で情報が出ました。「チリから津波が来ます」という情報だけを、まず気象庁は出しました。そして、一八時間シミュレーションを続け、最後ぎりぎりまで検証しながら、避難に十分な時間を確保した津波到達の五時間前、当日の午前九時三三分になって、津波情報を発表しました。何時間もかけてシミュレーションを行って算出された、最も精度の高い情報が出されたといっていいでしょう。この三陸沿岸では、高いところで三メートル以上という大津波警報が出ました。

津波警報の発表のされ方を見てみます。

太平洋にある島の各所に津波の観測点があります。津波が起こって、陸地に向かって来る。そのとき、津波が島を通過した際に得られた観測データが気象庁に送られてきて、予測される津波をデータに基づきシミュレーションして検証する。これを繰り返して出した警報が、大津波警報三メートルだったわけです。

ところがです。まず津波が南のほうからハワイに来ました。それから南鳥島、父島、伊豆大島へ来ました。それから北海道の根室花咲港の順番に来て、さあ釜石、と来たときに、幸いにも釜石は五〇センチ程度。東北の太平洋沿岸では、場所によって一・二メートルと観測されました。三メートルにはほど遠い、小さな波だった。これはよかったことですね。ただ局所的には、例えば宮古湾では二・四メートルという津波が観測されまして、やはり三メートル近い波が来ているということも所によっては事実でした。

これが先ほどから述べていますように、波と波がたまたま合うところで高い波が起こるということで、それが釜石湾だったかもしれないし、唐丹湾だったかもしれない。たまたま今回のチリ津波は宮古湾で二・四メートルが観測された。しかし、釜石にお住まいの方は「三メートルの津波警報の割には、結果、たかだか五〇センチだったのか」と思われたかもしれません。

どうしてそういうことになるのか、ということと、こうしたときに皆さんはどういう対応をすべきか、ということについてお話ししておこうと思います。

津波警報は、大半の住民にとっては「外れ」

日本の津波情報は世界一といっても過言ではありません。しかし、地震が起こった後に情報を集めて、津波の計算をして、それからテレビ局に伝えて放送してもらう、ということでは全然間に合わない。そこでどのように対応しているのか？

実は、一九九九年に津波情報の出し方が根本的に変わりました。初めから一〇万通りの計算をしてコンピュータの中におさめておいて、地震が発生した瞬間に、その一〇万通りの計算結果の中からいちばん近いものを引き出してきて、今回の地震パターンはこれだ、と判断するわけです。そして、津波はこの場所は何メートル、ここは何メートルと、事前に計算した結果を抽出する。それに基づいて、津波警報などの情報が発表されるのです。今では、テレビを見ていると、地震後三分以内には津波警報が出ますよね。それぐらいの早さをなんとか確保するように、気象庁は頑張ったんです。

また、それまでは、津波予報を出す区域が大きかった。例えば「東北地方太平洋沿岸」と出されてはあまりにも粗っぽいわけです。青森と岩手と宮城と一緒にされても、波の大きさは各地でおそらく全然違うでしょう。少し前までは、全国の海岸は一八区にしか分けられていなかったのです。これを六六区に細分化しました。そうでなければ津波情報として当てにならないからです。しかしながら、細分化されたといえども、例えば岩手県は全県で一区です。つまり、一八を六六にしたといっても、リアス式海岸の岩手県沿岸部全体で一つの情報しか出ません。けれども、釜石湾と大槌湾と唐丹湾の津波、全部違いますよね。であるにもかかわらず、津波警報は岩手県で一区。「じゃあ、もっと区を細かくすればいいじゃないか」と言いたくなる。しかし細かくしても情報を伝える手段がない。テレビ局を考えてみてください。ＮＨＫは盛岡放送局から電波を出しているのだと思いますが、これ一つでしょう。そこかしこで分けて出すことができない。伝達手段もない。

そうなると、こういったことが起きます。気象庁は、一つの予報区の観測点の中で、いちばん大きな波が出る可能性で三メートルというところが一カ所でもあれば「大津波警報

図12

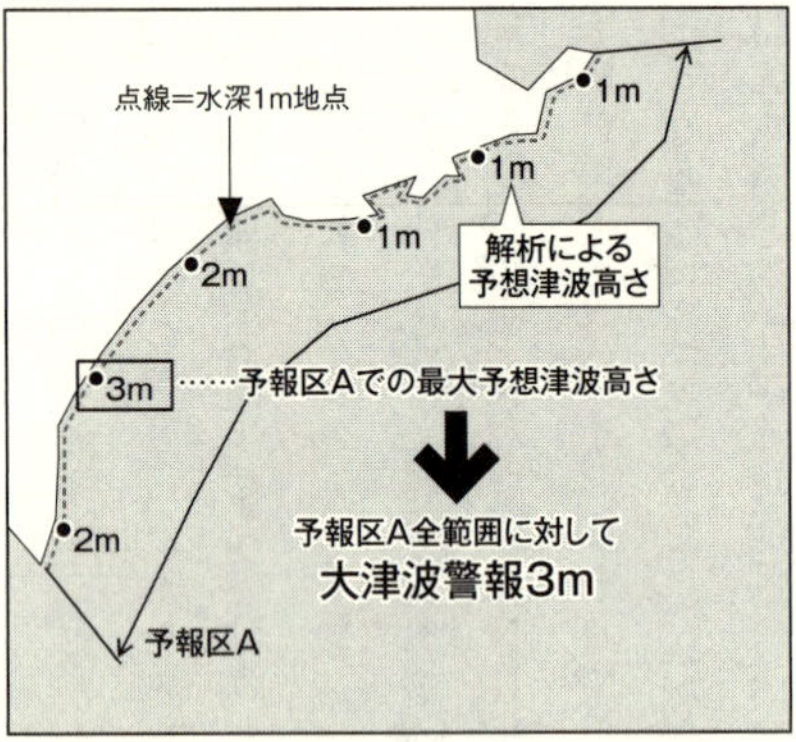

三メートル」と出す。しかし、予報区の中で当たるのはピンポイントです。大半は外れです（図12）。二月末のチリ津波はまさしくこうした状況でした。宮古は大津波警報で発表された津波と割と近いものが来たので当たりかもしれませんが、釜石は五〇センチだった。「大津波警報、外れたじゃないか」ということになります。けれども、予報した気象庁からすると、一カ所でも津波警報と近い高さの津波が観測されれば当たりと判断される。一方で、大半の住民からすると外れ。こういう状況になるわけです。

二〇〇六年一一月一五日と〇七年一月一三日に千島列島沖で津波が立て続けにありました。特に、〇六年のときは釜石市で避難指示が発令されました。しかし、あのときも結局、大きな津波は来なかった。このような状況下で、皆さんや、皆さんのお父さんお母さんの中には、「大丈夫、大丈夫」と逃げなかった人もいたと思います。しかし、たまたま今回外れたということであって、大きな津波が来る可能性が少しでもあったのならば、やはり逃げておくべきだったのではないか、ということを正直思いました。

今回の二〇一〇年のチリ地震津波では、大津波警報三メートルと発表されたわけですから、確かにその可能性があって、ただしそれがどこで起こるかわからなかった。たまたま今回、釜石は外れた。その前も外れている。ですが、やはり大津波が来る可能性はあった。そのとき、そうした情報に対してどのように対応するべきか。その姿勢そのものが問われます。

一生の間に津波の避難を何度やるのか。週に一回でも、月に一回でもない。一年に一回でもなく、何十年か何百年かに一回。大きい津波というのはそれぐらいの間隔でしかないわけですが、可能性がある限り、「その時」ぐらいは逃げるべきではないか、というのが私の思いです。

避難行動の実状

そのように思ってはいるのですが、津波警報というのは先ほども申したとおり、どうやっても正確なものではあり得ない。しかし、チリ津波で大津波警報が出た三陸沿岸の避難所避難率は七・五パーセントしかなかった。これは消防庁が集計した値です。そのほかに津波警報が出たところは二・八パーセント。惨憺《さんたん》たるもので、ほとんど避難していません。

ただ、私も釜石で調査をしましたが、大体三〜四割の方は、避難所には行っていないけれども高台には行っているとか、高いところの町の映画館やショッピングセンターに行っていたということで、危ないところから避難していたという方は少なくなかったのです。しかし、それでも避難率は三〇〜四〇パーセント程度でした。

釜石市民の避難行動を見てみましょう。朝九時半に気象庁が大津波警報を発表しています。そのときに気象庁が発表した情報は「釜石には一三時三〇分、三メートル相当の津波が想定されます」です。発表から到達予想時刻まで約四時間。十分に避難する時間はありました。図13のグラフは、避難所に集まった人の分布を見たものですが、午後一時半に合

図13

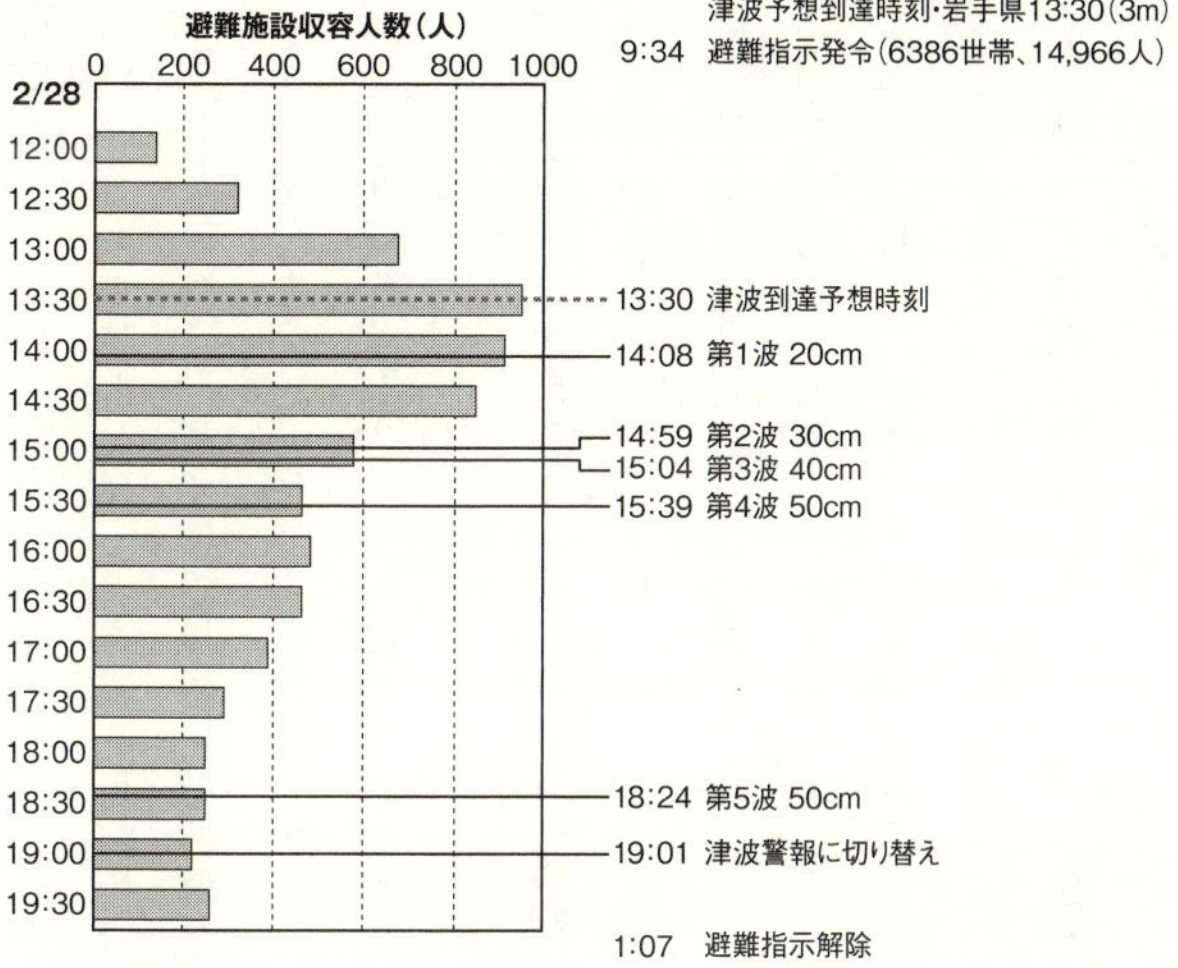

わせてみんな避難し、その時間帯で避難率のピークを迎えます。ところが、先ほどからお話ししているように、津波警報はなかなか当たらない。実際に到達した津波は、二〇センチの第一波が午後二時八分でした。午後一時半ということで避難したけれども、「なんだ、大きな津波は来ないじゃないか」ということで帰りはじめた。第二波が来たのはそれから五〇分後ですが、そのときの避難者数はもう六割ぐらいになってしまった。いちばん大きい第四波が来たときには、避難率は約半分になってしまった。津波は第何波が大きくなるかわからない、とテレビ

で何度も言っていましたが、それにもかかわらずどんどん帰ってしまった。

私はこういう状況を見るときに、可能性は低くても明らかに大津波が来る危険があったことは事実なのに、どうして避難しないのだろうと思うわけです。年に何回、一生に何回あるかわからないことで、「その時」ぐらいはちゃんと避難しておきましょうよ、というのが、私がこの釜石の皆さんに申し上げたいことなのです。

「逃げないことが常態化する」とどうなるか

今、皆さんがこの前のチリ津波のことをどう考えているか、自分の心に聞いてもらいたい。「なんだ。津波警報って案外当たらないものなんだな」「もうちょっとちゃんとした情報を出してもらわないとだめだな」と思っているのか。それとも、「大津波が来る可能性があったけれども来なくてよかったな」と思っているのか。この違いです。「三メートルの津波は来なかったじゃないか」と思っているのか、「三メートルの津波が来なくて本当によかった」と思っているのか。たぶん多くの方は前者だと思います。

この違いがどのような結果を導くのか、考えてみてください。「大したことなかったじゃないか」と思い、次に津波警報が出て外れると「また何もなかったじゃないか」と言い、そのうち避難しなくなる。「逃げなくても大丈夫」となる。それがずっと常態化していきます。でも、このままではいかないのです。先ほど申したように、津波というのは周期性があって、いつか必ず来ます。すなわち、逃げないことが常態化した、逃げないままの住民たちが「しまった、逃げておけばよかった」というときが必ず来るわけです。一方で、「逃げたけど、津波来なくてよかったな」を繰り返していくと、本当の大津波が来たとき、その人は「やっぱり逃げておいてよかったな」となる。問題は最後のこの一回なのです。

将来、津波は必ず来る。私は、これを皆さんにしっかりわかっておいてもらいたい。いつの日かわからないけれども必ず津波が来る。その日のことを、皆さんが今どう思っているかによって行動が変わってくるわけです。毎回毎回避難して、最後に「やっぱり避難しておいてよかったな」を勝ち取るのか、「なんだよ、津波来ないじゃないか」と言ってそのうち避難しなくなってしまうのか。最後の一回で迎える結果は、もうすでに決まってしまっているのです。

津波と向き合う集落

皆さんが津波に対して向かい合う姿勢が、将来の皆さんの命、家族の命を津波から守れるのか、はたまた守れないのか、ということに直結します。しかしながら、人間の心は本当にもろいものです。先ほど津波の現象の話を随分しましたが、私は本当に津波防災ということを考えるのであれば、津波のことを知る以上に、災害に対峙した人間の心の状態を知ることのほうが重要だと思います。

一つの例を話しましょう。三重県大紀町《たいきちょう》の錦地区の話です。

錦地区の市街地は、錦湾の湾奥にあります。ここは一九四四（昭和一九）年一二月の東南海津波で六四人の死者を出した集落です。地域の人たちは、昭和四〇年代までずっと、この地を復興することを拒み、躊躇しました。なぜだと思いますか？　昭和一九年当時の人たちは、そこに住んでいるときに、自分たちのおじいちゃんやおばあちゃんから「ここには津波が来るぞ」という話は聞いていた。でも住んでいた。そして、やはり津波が来て集落が壊滅状態になった。その後、「おれらはここの漁師だから、やはりここに家をつくって住みたい。でも、ここに家をつくってしまうと、また五〇年、一〇〇年経ったときに次の世代が同じ思いをしてしまう。ここに家をつくっていいのか？　やはりだめなんじゃないか？」といった議論をしながらも、漁師としての生活があるから、バラック建ての仮住まいをつくって住みはじめるよりしようがなかったわけです。

昭和四〇年代までは、この地域にはほとんどバラック建てしかありませんでした。ところがその後、港の中でブリの養殖が非常にうまくいった時期がありました。そして、昭和五二年、この頃には完全に市街地は復興しました。

写真18

この地域が今迎えているのは、間もなく次の津波が来るという状況です。町では、市街地の真ん中に「錦タワー」という津波タワー（写真18）を建てたり、地域のあちこちに駆け上り階段をつけたりと、対応はしております。一方で、錦タワーにのぼって下を見ると、真新しい住宅が次々と建っています。でも、もう間もなく津波は来るのです。残念なことに、津波は必ず来ます。

私は錦タワーの近くの家の人に、「津波が間もなく来ると言われていますけれども、この家は大丈夫ですか」と聞きました。じつは、住む人たちもわかってはいるのです。わかっているけれども直視しない。「いや、大丈夫でしょう」と答えるわけです。「でも、津波ですから繰り返し来ますよね」と聞くと、「もうそんな話聞きたくない。あっちに行ってちょうだい」と言われてしまいました。

人間は、嫌なことが来ると言われたときに、それに対してちゃんと備えるというところはすごく弱いと思いませんか。逆に、楽しみなこと、例えば修学旅行や遠足の場合は、何だかウキウキしてしまうわけです。一方で、嫌なことは直視しようとしない。人間とはそんなものなのです。

津波の記念碑は、何を問いかけるのか

この三陸地域もそうなのです。皆さんも見たことがあると思いますが、津波の記念碑が

あちらこちらにありますよね。釜石にもありますね。宮古市の姉吉《あねよし》にある碑には、「高き住居は児孫の和楽、想へ惨禍の大津浪、此処《ここ》より下に家を建てるな」と書いてあります。「高き住居」というのは、津波に対しては高いところに家をつくるより仕方がない、ということで、実際に被災した人たちが、おそらく家族をなくし、家をなくし、生活も汲々《きゅうきゅう》と困った状態の中でお金を出し合って碑を建てたのです。何のためにこれを建てたのか、どんな思いで建てたと思いますか。自分たちも危険を知っていてここに住んでいた。そして津波にやられた。またここに家をつくったら次世代の人たちがやられてしまう。そんなことを繰り返してはならないだろう――ということで、当時の人たちはお金を出し合って、こうした碑をつくった。姉吉地区の人々は、この碑よりも低いところには家をつくっていません。先人の教えを今でも守っているのです（東日本大震災では碑の約五〇メートル手前で津波が止まり、被害はなかった）。

そのほかにも碑はたくさんあります。「昭和八年三月三日（中略）午前四時ノ大津浪忘レルナ、強イ地震ニ油断ヲスルナ、地震後、海ガどんト鳴ツタラ津浪ト思ヒ、津浪ト知ツタラ高イ所へ逃ゲヨ、永久子孫ニ伝ヘンガタメニ是ヲ建テタリ」。こういう碑が東北地方のあちこちらにたくさんあるんですね。しかし、そういう思いで建てられた碑があるにもかかわらず、碑よりも低いところに家が建てられているところもある。また、津波警報が発表されても避難しない実態がある。こういう現実を見るときに、非常にやるせない気持ちになるわけです。

多くの方が亡くなりましたが、その方々が今ここにいるとすれば、皆さんに何を言いたいと思いますか？ かつての津波被災地に家がある。家はあってもいいのです。その時しっかり避難すれば、逃げればいいのです。逃げなかったらどうなるか。津波が怒濤《どとう》のように押し寄せて来て、多くの人が亡くなってしまう。これは紛れもない事実で、いくら科学技術が進もうと、地震を止めることはできません。津波を止めることもできません。そう考えると、かつて津波で犠牲になったあの人たちは今何を言いたいのか、そこに思いをはせてほしいと思うのです。

自分の命に責任をもつ

東北地方のこの地域には「津波てんでんこ」という言葉があります。津波のときにはてんでんばらばらに逃げなさい、という先人の言い伝えです。

第一波では、皆さんもたぶん逃げると思います。それで第一波が去った後に戻っていって「お母さんがいない……」。お母さんはお母さんで「うちの子はどこいった?」。こうした思いの中で家族を探してオロオロしているうちに、第二波が来る。だから第二波、第三波で亡くなることが多いのです。こうした経験を繰り返してきた先人たちが「津波てんでんこ」という言葉を残した。けれども、それができると思いますか? 例えば皆さんのお父さんやお母さんが、皆さんのことを全く無視して一人で逃げたりすると思いますか。しかし現実には、「津波てんでんこ」をやらないと一家全滅してしまいます。だから、先人が言葉を残してくれているのです。

この「津波てんでんこ」という言葉が本当に教えていることは何なのか、と私は考えました。現実的には無理です。お母さんが子どものことを見捨ててそのまま一人で逃げるか、と言われれば、そんなことはないでしょう。であるならば、「津波てんでんこ」という言葉が本当に求めているところは、「一人ひとりが自分の命の責任をもつ」、そして「それを家族が信じ合えている」ということだと思うのです。

津波が来たら、とにかく高いところに一刻も早く逃げなくてはならない。海から離れるということよりも、できるだけ高いところに上がるというのが津波避難の要点です。それをまずは一人ひとりがやる。そして、それをお父さんやお母さんが、「うちの子は絶対に逃げている」という安心感をもって信じてくれること。皆さんも、「うちのお父さんやお母さんは絶対に逃げている」と自信をもって言えることが大事です。自分の命は自分で責任をもつということを家族全員が信じ合えていないと、「津波てんでんこ」はできません。

だから、私はぜひ、これからの釜石を背負って立つ皆さんに、津波とはどういうものかということ、津波警報の精度にも限度があること、どれだけ科学技術が進んでも、偶発的かつ局所的に大きくなる津波を的確に予測することはほぼ不可能であること、それだけ不確実性が高い現象を前に、少しでも起こりうる可能性があるのであれば避難するよりほかはないということを知ってほしいのです。

ところが、これまで見てきたように、人間誰しも、逃げるということがなかなかできない。そして、いざ逃げるとなったとしても、実行に移すのはなかなか難しい。こうしたことを、いろいろわかっていただけたかと思います。

釜石はこんなにいいところなのだから、この地域にずっと住み続けることができるようにするために何をすべきか。繰り返し津波が来るとはいえども、一生でそう何度もあることではない。今まで皆さんが生きてきた人生の中で、津波に関する出来事は何回ありましたか？　でも、これから先、皆さんがおじいちゃんやおばあちゃんになるまでの間に、大きな津波が来ます。明言できます。その時、皆さんはどういう行動をとるでしょうか？

その時だけ逃げればいいのです。家は壊されてしまうかもしれない。けれども、命あってのものですよね。可能性を将来に秘めた皆さんのこれからを考えるときに、津波に関する知識と、それに備える知恵をしっかりもっていてもらいたいと思うわけです。

「風化」とは忘れ去ることではない

大災害があると、よく「風化」という言葉が聞かれます。

阪神・淡路大震災から一五年が経過しました。あれだけ大きかった地震災害を、皆さんはよく知らないと思います。当時〇歳、一歳、二歳ですからね。大地震によって日本の大都市が崩壊したという事実は、一五年の月日がたって風化しはじめています。

私は二〇一〇年一月一七日に、神戸の中学校三年生の子どもたちに調査をしました。中学校三年生というのは、まさしくその年に生まれ、復興の過程をずっと過ごして一五年たった生徒たちです。調査で聞いてみますと、神戸には「知識」が残っていました。神戸の中学生が成長の過程で身についた「知識」がありました。この釜石でも、津波の知識、津波の文化というものは伝えていかないとならないと思います。

この「風化」という言葉について、一つだけ知識を入れておきましょう。「風化」という言葉を『広辞苑』で引くと、最初に出てくるのは「徳によって教化すること」とあります。つまり「教えとなすこと」なのです。大きな災害を経験する。そこで学んだ教訓がある。その教訓を脈々と後世に伝えていくこと。そして、その教訓が当たり前のこととして、地域みんなの心の中に広く備わったときに、本当の意味での「風化」が起こります。例えば、「おひさまは東からのぼるね」などということは言わないですよね。当たり前すぎるからです。

このように、「地震で揺れたら津波を想起して逃げる」ということが、当たり前すぎて語られなくなるような状態、これが本来の「風化」なのです。風化というのは、教訓が社会に広く定着すること。岩石でもそうです。風化すると砂になり、広く薄くなっていちばん安定した状態になる。そのような状態、つまり「文化」になることです。私は、津波に備えるということがこの地域に住むための作法であり、条件であり、文化であるべきと思います。

「安きに居りて危うきを思う」

インド洋津波や明治三陸津波のようなことが起こらなければよいのですが、今後いっさい起こらないなどとは到底言えません。けれども、このようなことが起こっても、避難して対応するということを地域の皆さんがしっかり知恵としてもって、実際に行動すれば、家屋など経済的な被害は生じるかもしれませんが、少なくとも命を守ることはできます。自分の命に責任をもつ。そして、できたら今日家に帰って、お父さんやお母さんに言っておいてほしいのです。「津波が来るときには私は逃げるから、私のことは絶対に心配しないでお父さんとお母さんも逃げてね」と。お互いの信頼関係を築いておかないと、いざというときに皆さんのお母さんやお父さんたちは皆さんを探しに行きます。そして、探している間にお母さんやお父さんが津波に呑まれてしまいます。家族の信頼関係ということも含めて、この地に暮らすための作法をしっかり身につけていただきたいと思います。

最後に「居安思危《こあんしき》」、この言葉を一つ覚えてください。「居安思危、思則有備、有備無患」と続きます。「安きに居りて危うきを思う、思えばすなわち備えあり、備えあれば患《うれ》いなし」と読みます。このうち三段目、「備えあれば患いなし」は皆さん知っていますね。けれども、備えれば憂いはなくなるのは当たり前です。備えられないことに問題があるのです。

「安きに居りて危うきを思う」。幸いにもまだ大きい津波は来ていませんが、本当に津波は来ます。あらためて私は皆さんに強調したい。本当に津波は来るのです。「安きに居りて」のうちに、「危うき」のことを思えるかどうか。それによって備えることができるかどうか。それができてはじめて、「備えあれば患いなし」となるのです。

第三章　なぜ、人は避難しないのか？

災害は社会的な概念

毎年、自然災害は全国各地で発生しています。特に二〇〇四年は、清水寺の和尚《おしょう》さんが今年の漢字として「災」という字を書き入れるほど、災害が多く発生しました。新潟・福島豪雨災害や福井豪雨災害、台風二三号をはじめとする一〇個の台風上陸、新潟県中越地震。またその年の暮れには、スマトラ島沖の地震によるインド洋津波で二三万人の死者を出しました。情報を伝える術が整っていたならば、早く情報が伝わっていれば、こんなに死者を出さなくても済んだのではないか。こうした議論が多くなされました。

ここで、災害情報や住民避難はいかにあるべきかを述べる前に、私は土木技術者の観点から、情報というものを含めて災害をどう見てきたのかについて、もう一度振り返ってみたいと思います。

その場合、あらためて確認しておかなければいけないことがあります。それは、災害はあくまで社会的な概念であるということです。これを前提におかないと、話が進みません。

従来、我々土木技術者というのは「そこに災害があるから、それを防ぐのだ」という観点でやってきたわけですが、その防ぎ方に問題があるという議論があります。エンジニアは、災害というものを、いってみれば力で封じ込めようとしてきたわけです。しかし、これだけ多くの災害が起こり、なおかつ、土木構造物の想定を超えた範囲で災害が起こっているという状況を考えると、力で封じ込めるだけではなく、社会的な対応でなんとかしていかなければいけない。防災というより「減災」という概念が重要になってくるのです。

災害の多くは自然現象ですから、世界各国どこでも発生します。しかし、発生する場所によって、当然、起こることは変わってきます。つまり同じ災害であっても、社会のありようによって、また人の対応のありようによって、災害の起こり方は全然違うのです。

我々はこれまで、被災する社会の側から、もしくは人の側から十分検討してきたかというと、どうも検討が足りないのではないかと思います。極論すれば、アマゾンのジャングルで大氾濫が起こったとしても、それを水害というでしょうか。そこに人がいなければ、水害とはいわないでしょう。このように考えていくと、「災害は社会的な概念だ」ということがおわかりいただけると思います。

笑顔と歓声のある被災地

被災地の社会のありようによって災害の様相が異なるということを、私が調査に赴いた二〇〇四年一二月のインド洋津波を事例にして少し説明します。

インド洋津波の現場ではさまざまな惨状を目撃しました。「津波が全部もって行ってしまった」「孫が一人だけ残ったが、これからどうすればよいのか」「生きている間に子どもにおなかいっぱいのご飯を食べさせてあげられなかった」……。多くの残された家族の悲しみに触れたのですが（第二章参照）、その一方で、被災地では意外にも、笑顔も見られました。

ある女性は、私が食料配給の列の写真を撮っているところにやって来て、「向こうばかり撮るんじゃない」と言って私を引っ張って、写真を撮らせました（写真19）。みんな満面の笑顔ですね。この裏側に破壊された彼女の家があるのですが、そんなことはお構いなしに、お姉さんやお母さんを連れてきて、みんなで並んで写真におさまったわけです。なぜこの家族はこれほど明るいのか、非常に不思議でした。

別の場所では、男たちが車座になってトランプでギャンブルをしていて（写真20）、「勝った」「負けた」と歓声をあげています。同じ被災地でも、嘆き悲しむ人と、こういう人たちが混在している。日本人の感覚とは違うな、ということを強く感じました。日本だったら「顰蹙《ひんしゅく》」という単語が最初に浮かぶだろうなと思ったわけです。

（上から）写真19、20

しかし、一〇日間にわたってインド各地の被災地を回って、なんとなく見えてきたものもありました。

インドは所得の格差が非常に大きくて、富める者が貧しき者に施しをするということがごく普通の社会です。町を歩くと、小さな子どもが私の服の裾《すそ》を引っ張ります。そこで小銭を与えたりすると他の子どもたちに囲まれてしまうものですから、たいてい逃げることになります。しかしインド政府の人たちを見ていると、普通に小銭を与えているのです。施しという行為に慣れているし、富める者が貧しき者に施しをすることによって自らのステイタスを確認しているところもある。そういう光景に何度も出会いました。

インドで大変な人気の映画スターが、お付きの者を何人も連れて被災地を訪れている現場にも遭遇しました。そのマネージャーと話をしたら、二〇〇人ぐらいが亡くなったこの地域への見舞金と復旧・復興の費用を、すべて彼のポケットマネーから出すというのです。なぜそんなことが可能なのか。被災地の住民たちは家屋・家財のすべてを失くしたのですが、では具体的に何を失くしたのかというと、ヤシの葉を葺いただけの家と、若干の鍋と釜くらいです。富める者からすると、一つの地域の復旧費用を賄うくらい、なんてことはないのです。

災害によって「不安」が消えた

インドの被災地で、小さな子どもを亡くした若い母親としばらく話をしました（第二章でも紹介）。「津波が来る前、あなたにとっていちばんつらかったことは何か」と聞いたのです。彼女が言うには、漁労を仕事にしている夫が、その日の分け前である魚をギャンブルに使ってしまって、まともに家に持ってこない。子どもは毎日、お腹を空かせて泣いていた。それが自分にとっていちばんつらかったことだし、その子を亡くしてしまったことがつらい、と語っていました。

そのとき、我々にとっての不安と、彼女たちにとっての不安を比較してみたのです。彼女たちにとって、「遠い先の将来に対する不安」という概念はほとんどない。今日の食事をどうするか、という悩みの連続なのです。そういう日々の悩みの連続の中では、遠い先の将来に対する不安なんてあり得ない。

そんな彼女たちが、津波を境に、列に並べば食事をとれるようになったのです。家の中をのぞくと、援助物資の詰まったダンボール箱が三箱ぐらい積み上げてある。また、外から人が来て、壊れた家をつくり直してくれる。いつの間にか、日々の不安がなくなってしまった。笑顔で写真におさまる女性たちや、ギャンブルに興じる男たちの背景には、そういう状況があるということが理解できました。もちろん、笑顔の裏側にあるものを考えると複雑な思いはしますが、「災害は社会的な概念である」ということを示す一つの事例として、非常に考えさせられました。

メディアには議題設定機能というものがあって、通常は「報道に値するところ」だけが切り取られて配信されます。しかし現地へ行くと、悲惨な場面もあれば、ギャンブルをしている光景もあります。ただ、後者は「報道に値しない」と判断される。マスコミのシナリオのなかで切り取ってきたものをつなげていくと、決してあのような楽観的な光景は出てきません。でも、現地には、メディアが切り取る以外の光景もあるということです。

二〇〇三年宮城県沖地震・気仙沼市民の避難行動

では、本題に入りましょう。

インド洋津波で二三万人の犠牲者が出た大きな要因は、情報がなかったからだ。情報がきちんと伝わっていれば逃げることができただろう。それに対して日本は、情報伝達システムが整っている。英語で tsunami というぐらいで、我々には昔から津波の災いに備える知恵がある。だからインド洋津波の被災地のようにはならないのだ――。そういう論調がありました。

しかし、そんなことはありません。大きな問題は二つあります。

まず、「いつも情報が届くとは限らない」という問題です。大きな地震が発生すると停電してしまうし、情報伝達システムそのものが機能を果たさない。ただ、これについては、「それなりに揺れがあれば逃げてくれるだろう」と信じて、よしとしましょう。

より大きな問題は、「情報が届いても住民は逃げない」ということです。

二〇〇三年五月二六日に、東北地方の三陸沿岸で大きな地震がありました。沿岸部では震度5強から震度6弱といった、大きな揺れでした。私は早速、調査のため現地に入りました。主に調査を行ったのは、宮城県気仙沼市です。

気仙沼では、明治三陸津波で五一一二人（当時の四カ村の合計）の方が亡くなり、昭和三陸津波でも一九六〇年のチリ津波でも犠牲者を出しました（気仙沼市防災会議「気仙沼市地域防災計画」平成一一年）。そういう地域であるだけに、もともと住民の防災意識は非常に高く、「先生は津波の専門家か。うちはちょっと高台なんだけど大丈夫だろうか」と聞かれるような土地柄です。

　二〇〇三年の地震で、気仙沼市では震度５強を観測しましたが、地震発生から一二分後に「潮位の変化はあるが津波被害のおそれなし」（以下「津波のおそれなし」）という情報のみが発表されました。その一二分間は、津波が来るかどうか、避難すべきかどうか、それに関してまったく情報がなかった空白の時間でした。しかし、一九九三年の北海道南西沖地震では、地震発生からわずか五分で奥尻島に大津波が到達しています。このような事例をふまえると、情報がないにせよ、万一津波が襲来した場合に備えてすぐさま避難すべき状況であったと思います。

　ところが、その気仙沼市で調査を実施したところ、住民の津波を意識した避難率は一・七パーセントでした。津波常襲地域で、震度５強の地震があった。そのような状況下にあって、津波避難率は一・七パーセントです。

　いったい防災意識が高いとはなんなのだ、と考えざるをえなくなりました。結局、肝心なときに逃げないのだったら、防災意識が高いということにならないのではないか。逆にいうならば、心配していても心配していなくても結局逃げないのなら、心配するだけ損なのだから心配しないほうがいいのではないか。そう思えるぐらいの結果が出たわけです。

震度5強を観測したときの、住民の行動を見てみましょう（図14）。住民に「あなたは逃げましたか」と聞くと、八・一パーセントが「逃げた」と答えました。ところが、その半分は「揺れがこわくてとっさに家を飛び出した」とか「余震を案じて」とか、大きな揺れで飛び出した人が多く、なかには「掘りごたつにもぐり込んだ」とか「トイレに駆け込んだ」とか、津波とはまったく関係ない避難行動です。津波の避難というのは、海を背にして高いところに向かって一直線に逃げていくことですが、それを意識した人はこの八・一パーセントのうちのおよそ二割。したがって、津波からの避難率は約一・七パーセントということになるわけです。

いちばん避難率が高かったのは、波路《はじ》上《かみ》という地域でした。読んで字のごとく

図14

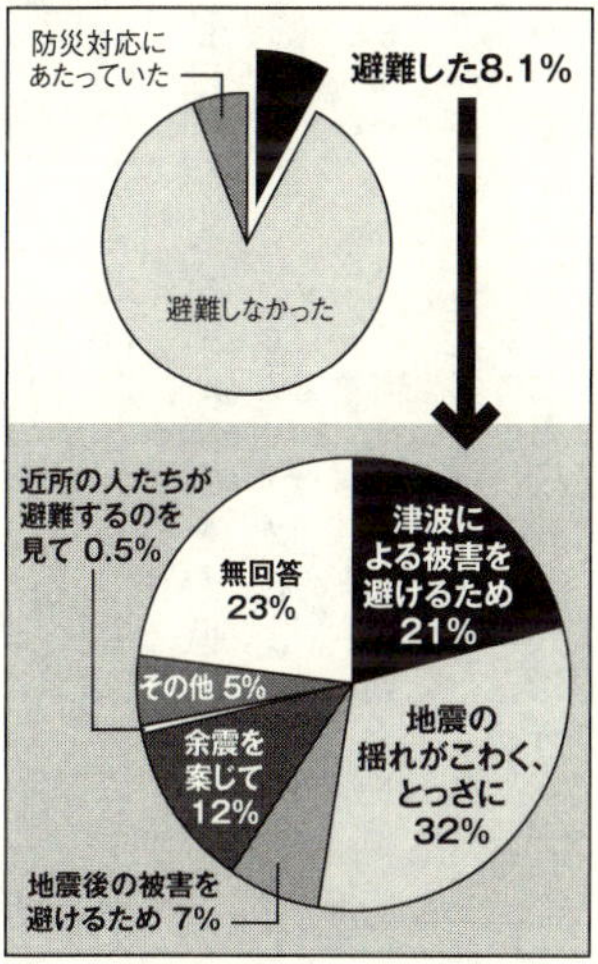

「波の路の上」です。それでも津波避難率は三割以下です。「波路上」という地名まで付いていて、よく逃げたといっても三割以下なのです。

私は、防災意識が高いとか低いとか、そのようなことはもうどうでもいい、という気持ちになりました。我々が認識しなければいけないのは、津波の常襲地域にあって逃げた人がわずか一・七パーセントであるという、この数字だけです。いろいろ理由をつけてもしようがない。「逃げようと思った」とか「意識は高い」とか、そんなことはすべて意味がない。実際に逃げた人は五〇人のうち一人にも満たない、という事実のみがそこにある。

そこにおいて我々がやるべきことは、いったい何なのでしょうか。

人間は、死を前提にものを考えない

もう少し、住民の心理に迫ってみたいと思います（図15）。

「地震が起こったとき、あなたは津波を想起しましたか」という問いに、「思い浮かべた」住民は八七パーセントです。「思い浮かべた結果として、あなたは津波が来ると思いましたか」という問いには、「来ると思った」が二五パーセント、「来る可能性は高いと思った」が三八パーセント。合わせるとほぼ六割です。大半の人が、「津波が来るかもしれない」と思っていた。津波常襲地域で震度5強の揺れだったのですから、当然、こういう意識になります。ここまではいいのですが、問題はここからです。

津波が来るという認識をもっていたにもかかわらず、「身に危険が及ぶと思った」が一一パーセント、「危険が及ぶ可能性が高いと思った」が一八パーセント。合わせて約三割の人しか自分の命の危険を感じていないのです（図16）。

図15

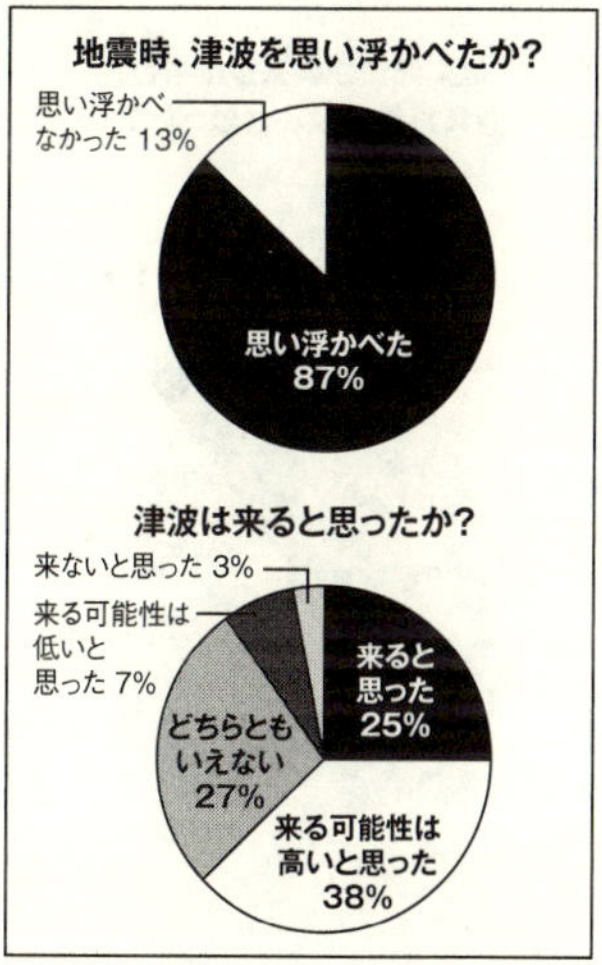

これは、よくいわれるところの「正常化の偏見」という心理特性で、人間を行動に移させない、非常に基本的な要因の一つです。わかりやすい例を挙げれば、「交通事故と宝くじ」「非常ベルが鳴っても逃げない」（第一章参照）といったようなことです。

簡単にいってしまえば、人間は、死ぬ

図16

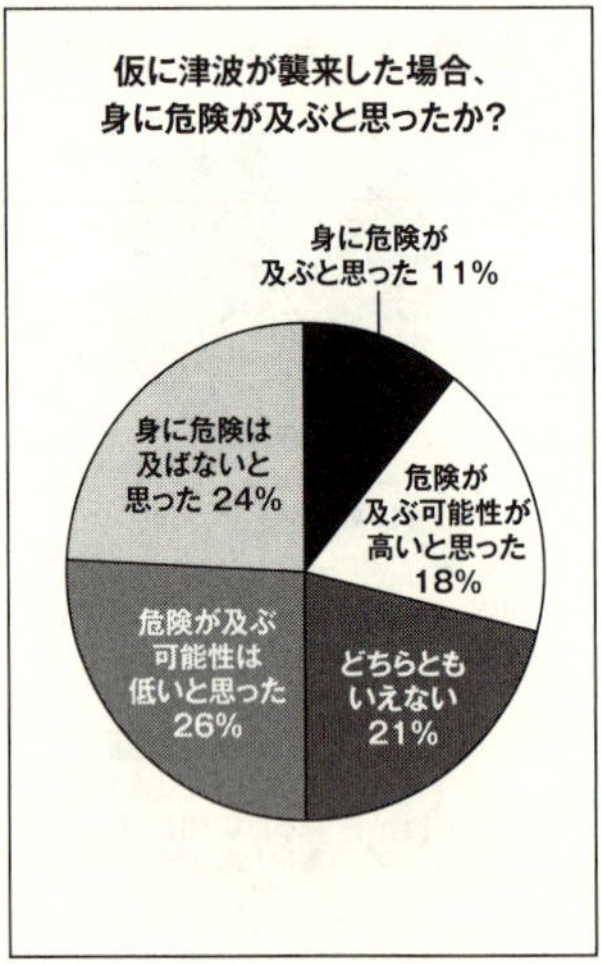

ということを前提にものを考えることはできないのです。例えば避難勧告が出た場合、「自分は死ぬかもしれないから逃げる」という発想に至る人はほぼいません。

　例えば、「今ここで、阪神・淡路大震災級の、震度7の揺れがあったとします。皆さん、一分後に何をしていますか」と問いかけると、多くの方は「机の下に入って揺れがおさまるのを待ちます」と答えます。落下物を避けるという意味では、まずは正しい行動でしょう。続けて「五分後に何をしていますか」と聞くと、「建物から出て、安全なところへ避難している」。さらに「一〇分後は何をしていますか」と聞くと、「瓦礫の下に埋まっている人を救い出している」という答えが返ってきます。「私が瓦礫の下でつぶれています」と答える人は一人もいません。

　自分自身を省みても、死を前提にものを考えるということはしません。ただ唯一、子どもが生まれたときに、初めて「自分が死ぬ」ということを想像しました。生まれたばかりの子を抱いて「この子が成人するまで俺は生きているのかな」と考えたときに「このままではまずいぞ」と思って、ときどき回ってくる保険外交員の女性に説明を受けて、生命保険に入った記憶があります。そのような場合であれば、自分の死を想定できるのかもしれません。しかし、災害が起きて避難勧告が出ても、誰一人として「自分が死ぬ」という状況を想定する人はいないのです。

情報収集に走るがゆえに逃げない住民

もう一度、気仙沼市の避難率一・七パーセントという数字について考えてみたいと思います。

彼らは、ここが十分に危ない地域だと知っています。そして「グラッときたらすぐに避難」ということが、標語のように頭の中に入ってはいます。そして、実際に揺れました。そのときに何を思ったかということです。「まさに今がその時だ」と思うことが何を意味するかというと、過去に起こった事例のような津波災害の状況に自分が置かれているということ、場合によっては自分が死ぬということ、そういったことまで含めて考えなければいけないということです。しかし、いや、だからこそ、「今がその時」とは思いたくないし、思えないのです。結局、何かしらの理由をつけて「今がその時」と思わない。また、それを助長するような人間の心理特性があるのです。

それは後ほど述べることにして、こうした「正常化の偏見」のなかで、住民は結局逃げなかったわけですが、「大丈夫だ」と自信満々に逃げなかったわけではなくて、不安でしようがなかった。それは情報ニーズに現れます（図17）。「地震直後にあなたはどんな情報が欲しかったですか」といろいろな選択肢を見せて、欲しい情報から順位をつけてもらいました。津波に関する情報か、地震に関する情報か、家族の安否情報か、被害に対する情報か。このように示しましたところ、住民は、家族の安否情報よりも津波の情報を欲しがっていたことがわかりました。

さらに具体的な情報収集の状況をみますと、夕方の六時二四分に起こった地震ですから、「テレビがついていた」が五六・二パーセント、「直後にテレビをつけた」が二七・二パーセントでした。「停電でテレビが見られなかった」の一二・五パーセントを除くと、ほぼすべての世帯で地震後テレビを見ていた。そして、テレビの前に座って情報を待ちます。理由は簡単で、津波が来る前には必ず情報がある、と信じて疑わないからです。不安であればこそ、テレビの前に座って情報を待つのです。「津波が来るなら、必ず教えてくれるはずだから」と。

結局、このときは地震発生一二分後に「津波のおそれなし」という情報が流れました。当時の気象庁の基準では、津波の心配がない場合、地震の速報が先に出されます。粗い震度情報です。次に、もう少し細かい震度の詳報が出されます。そして最後に「津波のおそれなし」という情報が流れた。それが一二分後でした。住民は、一二分間にわたってテレビの前にじっと座っていたのです。

図17

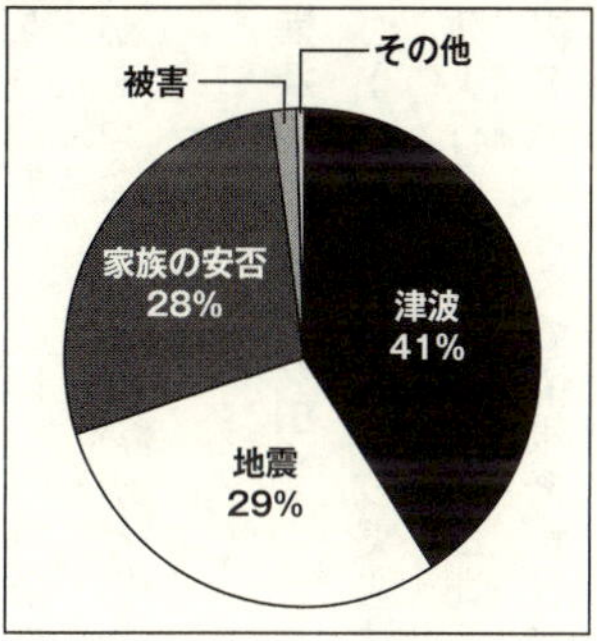

先ほども述べたとおり、北海道南西沖地震では、奥尻島に五分後に津波が来ています。つまり、一二分間もじっと座っていたという状況はきわめて危険で、情報を待つより先に逃げなければいけない状況だったと

思うのですが、これらの結果をみると、情報収集に走るがゆえに避難をとどめてしまう状況があったのではないかと思われます。

津波の前には潮が引く?

こういった情報収集の実態は、ほかにもいろいろな形で出てきます（図18）。

防災行政無線というのは聞こえないことで評判が悪く、一般的には、屋外スピーカーの無線アナウンスで情報を聴取するのは三割くらいです。ところがこのときは、九五パーセントの世帯で、自分もしくは家族の誰かが防災行政無線のスピーカーの下まで行って音を聞いています。当然だと思います。大きな揺れがあった。津波が心配だ。よく聞き取れないけれど防災行政無線が何か言っているぞ、という状況になれば、住民はスピーカーの下まで行ってでも情報をとります。それは情報を取得する態度が極めて高い状況になっているからです。そういう状況であれば、備えたものはちゃんと備えたように機能するということです。

ただ少々気になるのは、「海の様子を見に行った」という世帯が約一六パーセントある

図18

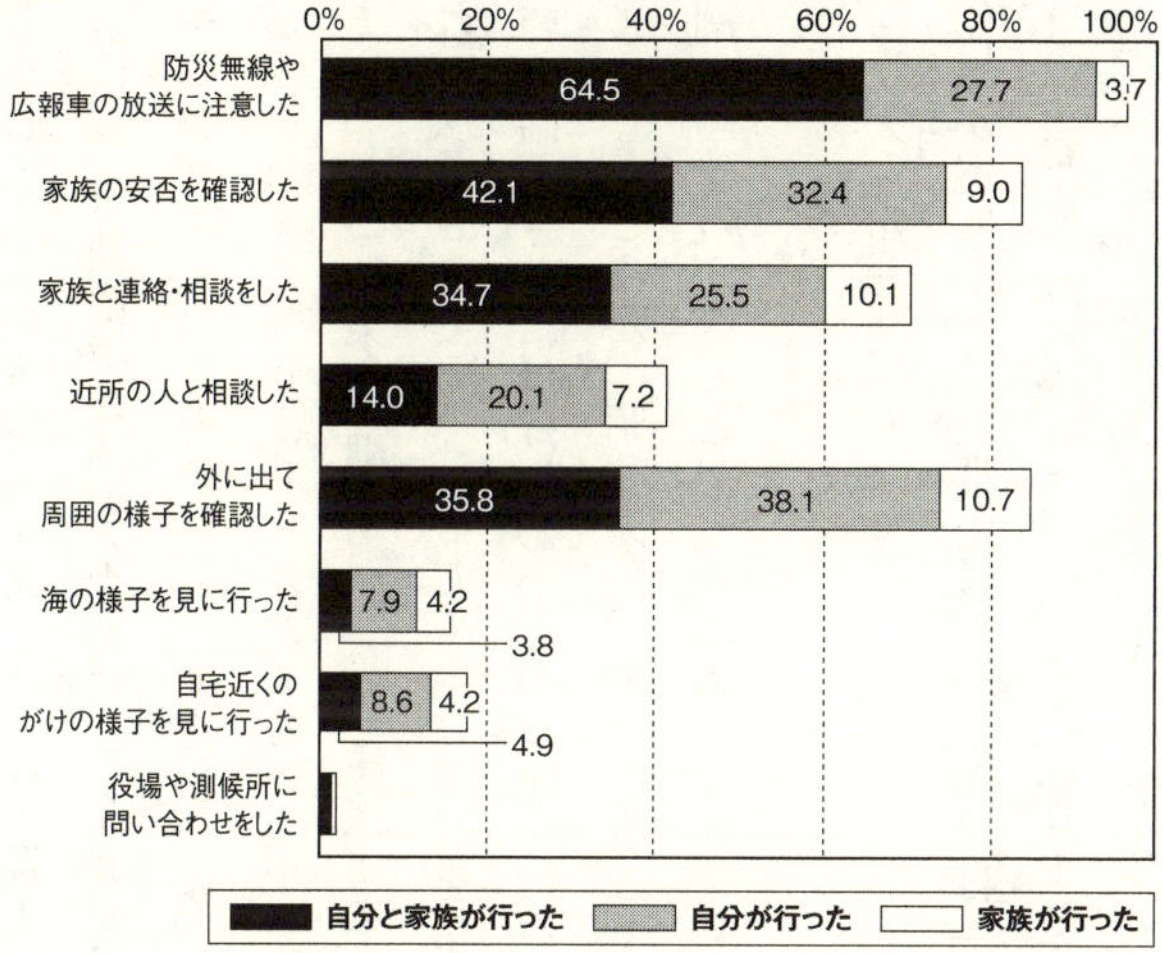

ことです。主に、防潮堤がある地域の人たちです。地区別にみると、沿岸地域の四割以上の人が、できあがった防潮堤の上にずらっと並んで海を見ていたことになります。こういった行動の背景には、「津波の前には潮が引く」という言い伝えがあります。ほとんどの人がそう信じていたのですが、これは間違いです。潮が引いたら津波が来ますが、潮が引かなくても津波が来ることもある。したがって、津波の前には潮が引くと理解をしていると、非常に危ない。それを信じて海を見に行くということは、命をかけた情報収集行動になってしまいます。

どうしてこういう言い伝えがあるかというと、明治三陸津波と一九六〇年のチリ津波のときに、「気仙沼湾の潮が全部引いて海底が見えた」と言われているからです。おじいさんやおばあさんは、そこにアワビを拾いに行ったという話を孫にしますし、普段見慣れている水を湛《たた》えた光景から水がなくなるというのは、非常に鮮烈な光景として脳裏に焼きつきます。その結果、「潮が引いたら津波が来る」という形でイメージの固定化が図られ、それが伝承されていく。そして「アワビを拾いに行った」とか「サザエを拾いに行った」という話がさらに付け加わって、「津波の前には潮が引く」という固定観念が強化されてしまう。ところが、昭和三陸津波はいきなり上げ潮からきているのです。したがって、引き潮から津波が来ると思うのは大きな間違いだということです。

「認知不協和」

住民が逃げなかった理由は、基本的には「正常化の偏見」が強く働くためですが、もう一点、「認知不協和」ということがあります。小難しい言葉ですが、簡単に言い換えると、「わかっちゃいるけど……」ということです。例えば、試験前に勉強しなければいけないことはわかっているけれど勉強していない、というようなことがあります。

洪水であろうと津波であろうと、避難勧告が発令されたら逃げなければいけないということは誰でも知っています。ましてや気仙沼市民はみんなわかっています。ところが実際は、いざとなると「今がその時」と思えない。そうすると、「頭ではわかっているけれど行動が伴っていない」という状況がたくさん出てくるわけです。

そういう状況で人間はどのような行動をとるかというと、「逃げていない自分を正当化する理由」を探します。この理由は、簡単に見つかります。例えば、前に津波警報や避難勧告があったときにも津波は来なかった、あるいは、隣の家の人は逃げていないとか、テレビからは何の情報も流れて来ないとか、その理由は何だっていいのです。要は、逃げていない自分を正当化するに足りる理由が一つでも見つかれば、もう逃げないということになってしまう。

住民は「正常化の偏見」によって逃げていない。だけど、心配でしょうがないから情報収集に走る。情報収集に走るがゆえに、なおさら避難しない。そして、避難していない自分を正当化する理由を探すと簡単に見つかる。このようにガチガチに固められた中で、結局、逃げられないということではないかと思っています。

避難率一・七パーセントという数字をあらためて考えてみると、それは「逃げない」という意思決定をしていたわけではなくて、「逃げる」という意思決定ができずにいたのだ、と考えるべきだろうと思います。「逃げないぞ」と腹をくっているわけではなくて、「逃げる」という決心ができなかった。そういう不安の中で情報収集に走る。逃げていない自分を正当化することもできる。そして結局「逃げない」ということが定常化してしまった。

さらにいえば、「隣も逃げていないから、ウチも逃げない」という場合、隣とウチは相互監視状態にありますから、不安な心理の中で均衡状態のようなものができあがって、しかも悪い方に均衡してしまう。この状態は非常に危険です。

「率先避難者」の必要性

逃げた人、逃げなかった人を問わず、「どういう状態だったら逃げたか」という設問もしてみました（図19）。回答の内訳は、「近所の人たちが避難しているのを見たならば私も逃げました」が六四・一パーセント、「町内会役員や近所の人が『逃げるぞ』と声をかけ

図19

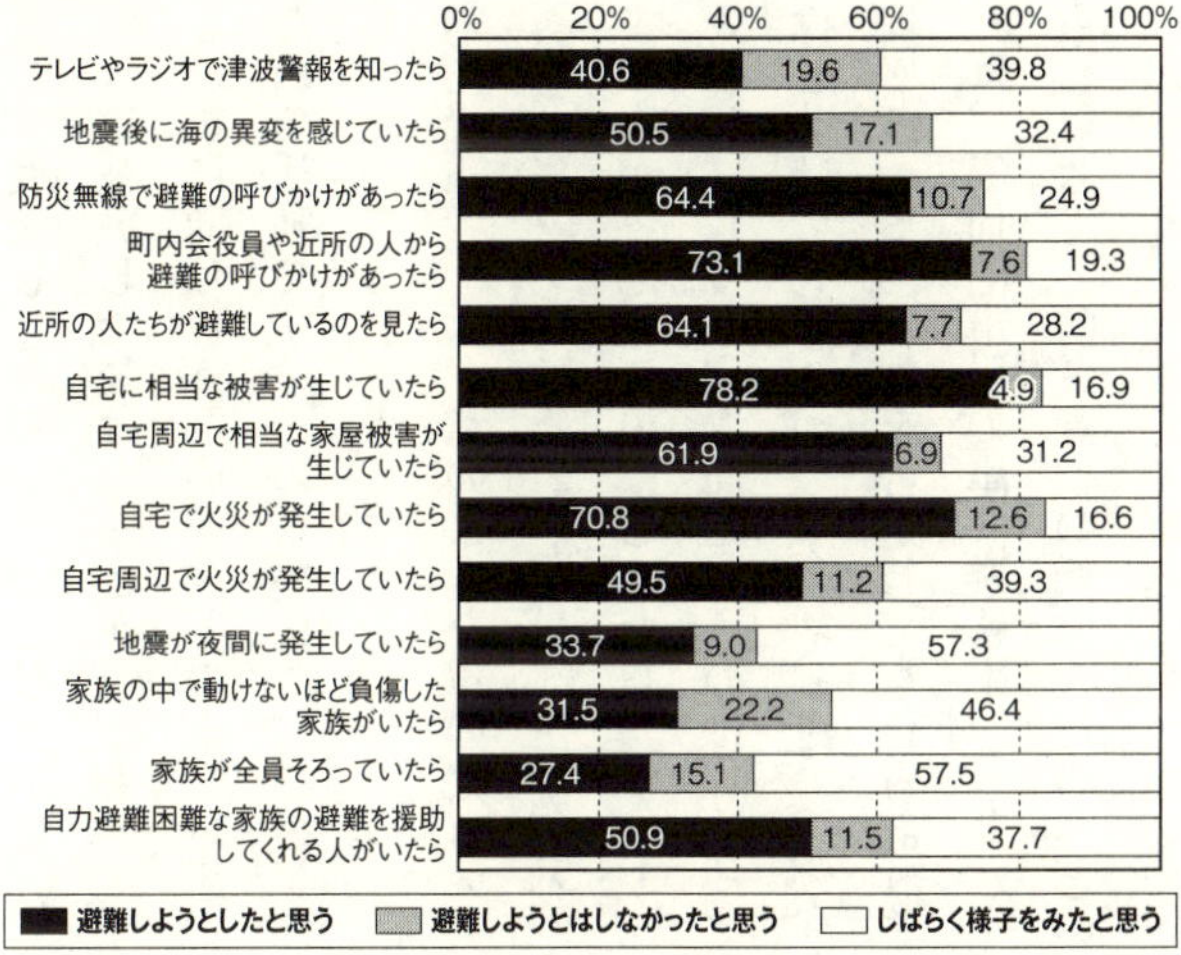

てくれたら私も逃げました」が七三・一パーセントです。

つまり、「あなたが逃げないから私も逃げない」という不安の中で、誰か一人が率先して避難をしたら、もしくは「逃げるぞ、逃げるぞ」と声をかけて避難をしていったら、行動を起こすだろうということです。ほとんどの人は、そこまでしても逃げないというほど図太くない、ということでもあるのだろうと思います。

私はこういう事例から、地域防災をやっておられる方や自主防災組織の方にお願いすることがあります。自主防災というのは実際に被害にあったら助け合う組織として機能している。しかし日本では、三日も経てば援助が来てくれますし、生きてさえいれば被災した後はなんとかなるものです。自主防災の機能に追加してほしいのは、被災した後に助け合うということのみならず、その地域の人たちが災害で死なないようにするための活動です。そのためには、この事例からもわかるように「率先避難者」という役割をつくってほしいのです。

「率先避難者」は、私のような声の大きい人間が適任です。声の大きい人が大騒ぎをする。「今がその時」とはなかなか思えない空気の中で、その殻を破って「逃げるぞ！」と大騒ぎする人が各地域に出はじめたら、ずいぶんと避難率が変わってくると思います。

いずれにしても、人間というのは、放っておくと、情報を自分にとって都合のいい方向に捻《ね》じ曲《ま》げてしまうのです。それは、「嫌なことを考えたくない」という人間の基本的な心理であって、それを否定しても仕方ありません。

私は、気仙沼市民の津波避難率一・七パーセントという数字を何度も繰り返しましたが、彼らに対して「防災意識の低い人たち」というようなレッテルを貼るつもりなど毛頭ありません。そうではなくて、逃げられないのが素の人間なのだ、ということです。それをどう乗り越えるかを考えるのが、私の仕事です。
「逃げる住民」をどうやってつくるのか。そこに挑戦をしなければいけないのです。

「逃げるひと」をつくるための試み

私が、三重県尾鷲市《おわせし》で取り組んでいる「逃げるひと」をつくるプロジェクトを紹介したいと思います。

尾鷲市は、一九四四年の東南海地震津波で死者六五名を出しています。その後も南海地震津波やチリ津波に見舞われており、いわゆる津波の常襲地域です。東南海地震津波当時を調べると、船が遡上して家々を壊すというような、壊滅的な状況があったことがわかります。インド洋津波で起こったのと同じような光景が、当時の尾鷲に展開していたのです。

我々は、三重県が想定している東海・東南海・南海連動型地震によって発生する津波が、尾鷲ではどういう形でやって来るのかをシミュレーションして、尾鷲の住民に提示しました。それによると、尾鷲では、地震発生後一〇分で津波の遡上が始まり、二〇分で最大波高が来ると予想されます。

そのうえで、住民には人の動き、すなわち避難行動を表現したシミュレーション（「尾鷲市動く津波ハザードマップ」）を見せています。シミュレーションでは、地図上に住民一人ひとりが点で表示され、住民の情報取得状況などによって点の色が変わります。そして避難行動を始めると、その点が地図上を動きます。また、地図には、既存の避難所を表示し、標高三〇メートル以上の高地・内陸部は色付けされています。住民は、その避難所か最寄りの高台に避難することになります。情報伝達については、屋外拡声器が地図上で表現されているほか、シミュレーションの過程で広報車が地図上を動き回ります。シミュレーションでは、屋外拡声器が鳴るのと合わせて、広報車が三台ぐらい地域を走り回り、さらにマスメディアが放送すると想定されています。

シミュレーション画面の地図の左上に地震発生後の時間経過表示があって、その下に被害者カウンターがあります。時間が経つにつれて津波が市街地に遡上し、地図上に黄色いバツが出てくる。犠牲者がここで出るというサインです。

「では皆さん、どれくらいのタイミングで逃げはじめますか」と問いかけます。すると、「まあ、情報をもらってから二〇分だな。津波だから早く逃げにゃいかんからな」と言う

図20

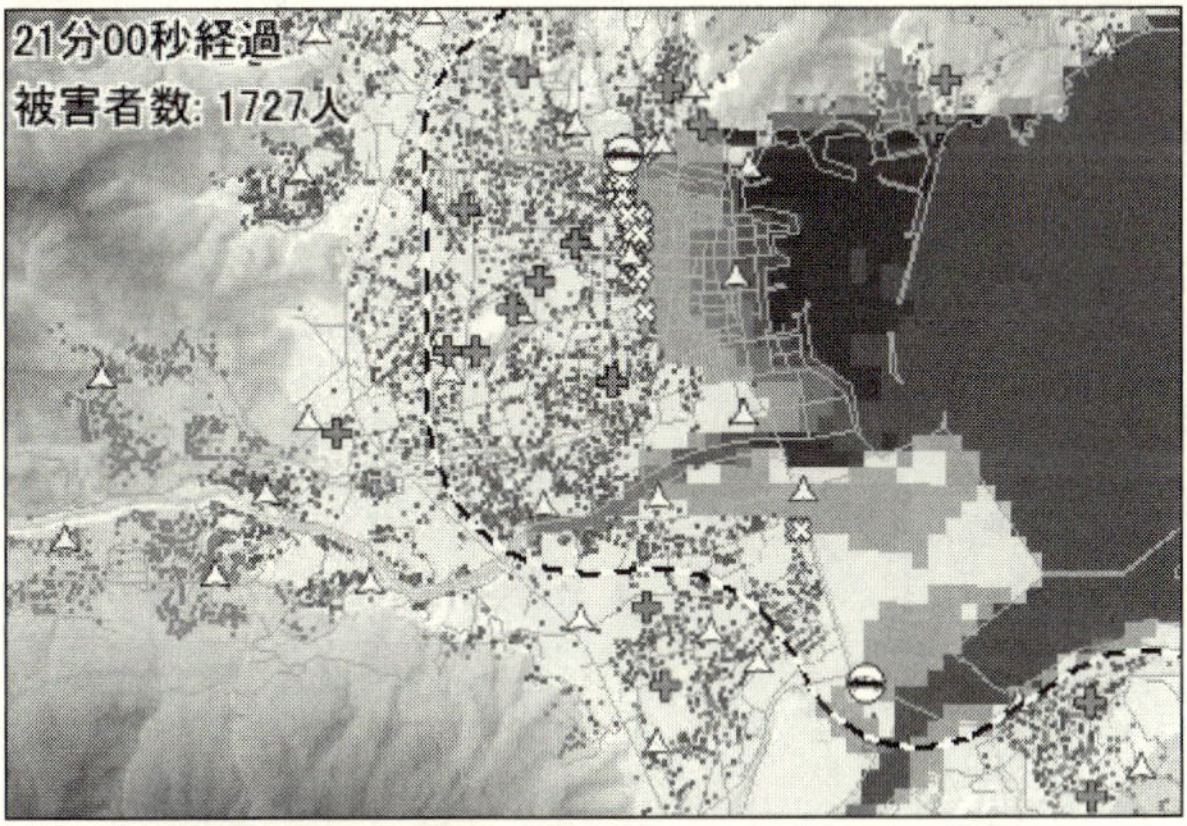

地震発生から21分00秒後：津波襲来で1,700人を超える人が犠牲に

尾鷲市動く津波ハザードマップ（群馬大学片田研究室ホームページ）
http://dsel.ce.gunma-u.ac.jp/simulator/owase/

方が多い。そこで情報が伝達されてから二〇分で避難を開始するという設定で、シミュレーションをしてみます（図20）。

地図で住民を表す点の色が、情報をとると青に変わります。青くなってから二〇分経つと赤に変わって、地図の中を動きはじめる。避難行動を始めたわけです。情報伝達の詳細は、屋外拡声器が三分後に鳴って、屋外拡声器から周辺二五〇メートルに音声が伝わり、三〇パーセントの確率で情報を取得。また五分後に広報車が出発して三、四台走り回る。メディアが一分後に「避難してください」という情報を伝える。電話は輻輳《ふくそう》して使えない——という設定です。

さて、市街地周辺のシミュレーションを動かしてみるとどうなるでしょう。無線や広報車の効果によって、情報取得した人は次第に増えていきます。人伝てでも情報は伝達されます。そして、およそ一〇分後に津波の遡上が始まります。しかし、「情報をとってから二〇分で避難開始」という設定ですから、住民はまだ逃げません。そして遡上が始まり、どんどん犠牲者が出ます。シミュレーション開始から二一分後でようやく避難が始まりますが、もはや遅い。二一分後の段階での犠牲者数は一七〇〇人を超えています。最終的には犠牲者は三二〇〇人にのぼります。

「ただちに逃げる」意識ができるまで

このシミュレーションを見せると、「二〇分で逃げる」と言った住民は、当然、間違っていたことに気づくと同時に、「一〇分ぐらいで逃げにゃいかんな」と思うわけです。

では、情報伝達の設定はまったく同じにして、「情報をとってから一〇分で逃げる」というシミュレーションに変えてみます。このシミュレーションだと、犠牲者は約一三〇〇人です。二〇分を一〇分にするだけで、三〇〇〇人以上の命を救うことになるのです。このシミュレーションを見たときに、「一〇分」のもつ意味合いを、住民は強く認識します。そして、「一〇分なんて言わないで、ただちに逃げます」という姿勢に変わります。

そこで、今度は「情報をとったら、ただちに逃げる」というシミュレーションをやってみます。そうすると、犠牲者は一気に二〇人に減少します。

ここまで見てくると、「早く逃げる」ことに対する認識が住民に十分できあがるのですが、それと同時に、ある諦めも生まれてしまいます。というのは、いかに少なくなったといっても、やはり二〇人くらいの死者が出てしまうことがわかるからです。いったいどうしたらいいのだ、ということです。

こういうシミュレーションを見せるからには、私はちゃんと解決策を用意します。釜石でも同じことを言っているのですが、「情報を待たずに、揺れたらすぐに逃げる」ということです。

大きな地震の場合は揺れがしばらく続きますから、それを加味して「地震発生後五分くらいで避難開始」と設定します。情報伝達シナリオは、すべてなしにします。時計が五分になった段階で、自動的に全員が一斉に逃げるシミュレーションを、住民に見せました。五分で一斉に避難が始まり、遡上が始まった一〇分後には、避難はすでに完了しています。避難が完了していれば、犠牲者は出ません。犠牲者はゼロです。ここに至って、住民は「よし、地震が起こったらただちに逃げるぞ」という意識になります。

誰ならできるのか

ただ、そこから住民たちの具体的な悩みが始まります。

「うちにはじいさんもいるし、ばあさんもいる。五分で全員一斉に逃げるなんて、無理じゃないか」と言われると、答えようがありません。「行政はどう考えるのだ」と言われても、「行政がどう考えようと、津波は一〇分で遡上が始まるわけですし、五分でその場から移動しない限り津波の犠牲になってしまう。この事実は変わりません」と話します。

「考えてみてください。尾鷲市役所の職員がこの地域の家々を回って、全住民を五分以内に連れ出すことなんかできると思いますか?　できるわけがないでしょう。行政がやるべきだとかどうだとかという問題ではなくて、あなた自身が家族と逃げられるか逃げられないか、それだけが、結果として犠牲者を出すか出さないかの分かれ目なのです。それができるかできないか、考えてみてください。それに対して『できない』ということであれば、しようがないですね、と答えるより仕方ありません」

無理というのであれば、津波の犠牲になるしかない。そもそも、大いなる自然の猛威に対して、避難の支援などを「誰がやるべきか」という議論は不毛です。できないものはできないのです。「誰がやるべきか」ではなく、「誰ならできるのか」という観点で考えることが重要なのです。

尾鷲の住民と私は、このようなやり取りを繰り返してきました。

その結果、尾鷲市内のそこかしこに、津波避難用のリヤカーが立てかけられるようになりました。今では、要望があった町内会に対して、市役所がリヤカーを手配するようになりました（二〇〇七年時点で累計七〇台）。

また、実際に津波警報や避難勧告が発令された際に、「率先避難者」を実践した事例もありました。

二〇〇四年九月五日に紀伊半島南東部を震源とする地震が二回発生し、尾鷲市を含む三

図21

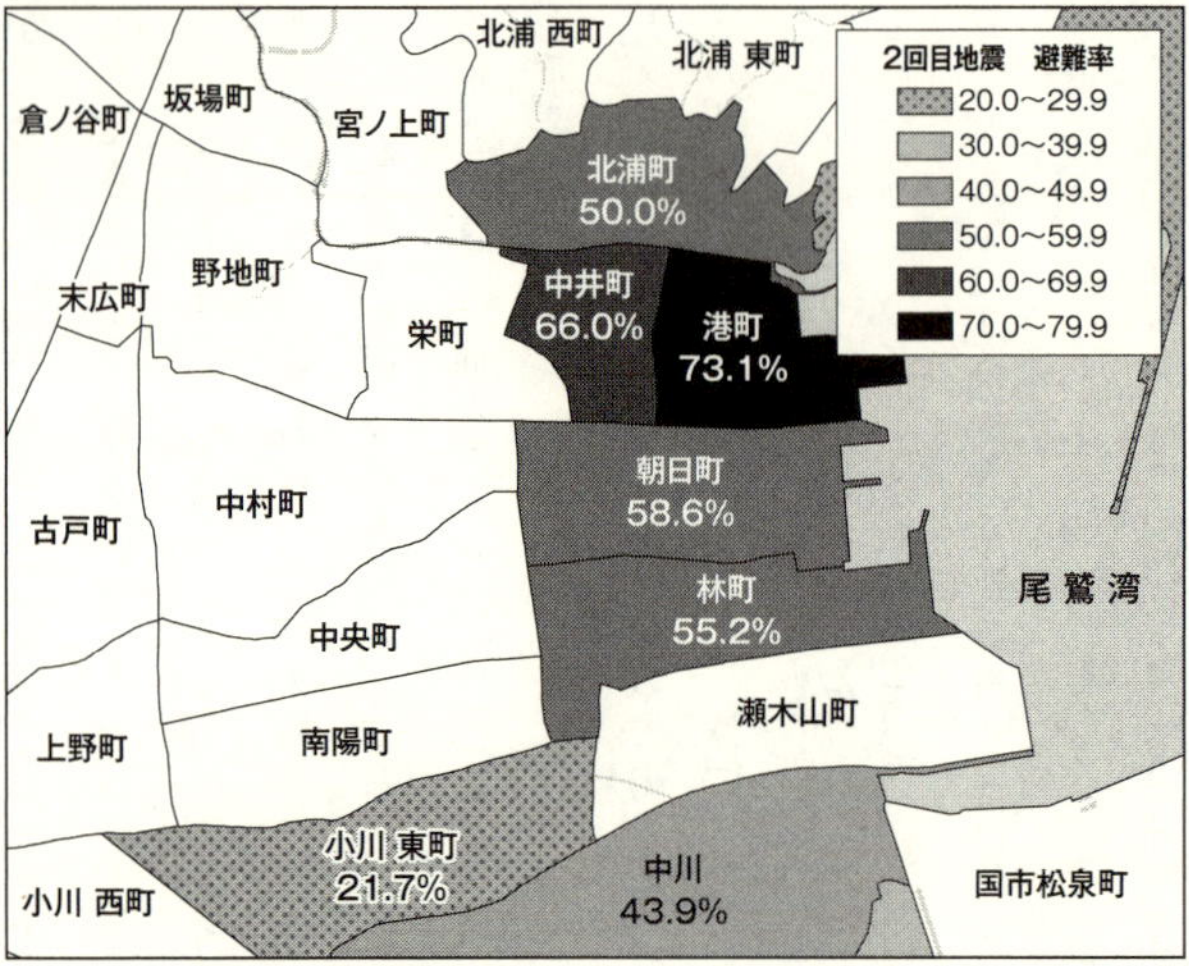

重県南部沿岸地域に、一回目の地震（紀伊半島沖地震）では津波注意報、二回目の地震（東海道沖地震）では津波警報が発表されました。特に二回目の地震では、津波警報が発表された三分後に、市から避難勧告が発令されました。
　そのときの市民の避難の様子を紹介します。尾鷲市の港町と中井町にまたがる川原町地区の自主防災会の会長さんは、一回目の地震で津波注意報が発表された際、地域の人たちに避難を呼びかけました。ひとしきり避難を呼びかけた後、会長さんは、直接避難を呼びかけた数人の人たちと一緒に、避難先である尾鷲小学

校へ避難してしまいました。避難を呼びかけていた本人が我先にと避難を開始した。その様子を見た住民が、それに引きずられるかのごとく次々と避難を開始したのです。地域は皆で避難してしまったため、一時空っぽの状態だったといいます。そのときの避難行動について調査した結果、二回目の地震では、津波の到達が最も早いと想定される港町で七三・一パーセント、その周辺地区においても五〇パーセントを超える避難率を実現しました（図21）。

その後も、尾鷲市各地の自主防災会は活発に活動しています。先ほどの川原町地区の自主防災会では、年に二回、夜間の津波避難訓練を実施しています。そこでは、リヤカーを使った避難支援訓練も行われています。また、その他の自主防災会でも、独自に津波緊急避難ビルを指定してその所有者に使用の了承を得たり、避難ルールを設けたりしています。この次に来る東南海・南海地震津波に備え、「誰ならできるのか」という観点から、自分たちでできうる限りのことをしているのです。私も微力ながら、これからも引き続き尾鷲市の防災に貢献していきたいと思っています。

備えない自分、逃げない自分を知ることが備えの第一歩

災害の本質は、誰にとっても予想もしないことが起こることです。もっと正確にいえば、誰にとっても予想もしたくないことが起こることが災害です。予想もしたくないことだからこそ、備えも怠りがちになります。なぜならば、備えという行動は、起こる事態を想定してとる行動だからです。避難しない理由も同じです。避難しなければならない事態が、我が身に迫っているとは誰も思いたくはない。思いたくないからこそ、その場に臨んでも「今がその時」と思えず避難しない。これらは「正常化の偏見」といわれる心理に総括されるとおりです。

さらに、避難情報などによって身に迫る危険を知ったとしても、避難しない自分を懸命に正当化し、何とか心の平穏を保とうと努める。結局のところ、人というものは、基本的に避難できないのが素であって、避難という行為はきわめて高度な理性的行為だといえます。さらに、平時において災害に備えるという行為は、何もない状態の中で万一の事態を考えて備える行為であるが故に、さらに高度な理性的行為といえるでしょう。災害に備え

るためには、そして、災害に強い住民であるためには、まず、災害に接した自分が逃げようとしないことを自分自身が理解していることが重要であり、そのうえで、それを押して行動に移ることができる理性が必要なのです。

しかし、一般的に言って、ごく最近に被害にあった人以外で、そのような行動がとれる人は少ないでしょう。このような住民に対して、従来の防災教育では、繰り返し、災害への備えの必要性を説き、いざというときに避難するよう呼びかけてきました。しかし、単にこのような呼びかけを繰り返してもその効果は疑わしいといわざるを得ません。なぜなら、災害に備えることの必要性や避難の必要性は、これまで十分に住民に知らされており、住民もそれを十分に知っているからです。今必要なのは、それであっても災害に備えない人の心理を住民自身に理解してもらうこと、その理解がないまま現状の姿勢であり続ける限り、自分や将来の世代のどこかで大きな被害にあってしまうということを理解してもらうことであろうと思います。

第四章　求められる内発的な自助・共助

——水害避難を事例に

避難勧告が出せない事例

「これまでの安全は、これからの安全を保障することでもなんでもない」

まず、これを深く心に刻んでおかなくてはなりません。なぜなら、もうすでに気象が変わってきているからです。地球温暖化により激化する気象災害の様相については、第一章の冒頭で述べたとおりです。これまでの優しい雨の傾向と、これからの雨の降り方は全然違うということを念頭に置いたうえで、これからの防災のあり方を考えてみましょう。

はっきり言うならば、日本の防災が立ち行かなくなっています。これまでの傾向の中でできていた防災の仕組みが、これだけの台風や気象の激化の中では、もう成り立たないのです。順を追って話します。

一つ目は、二〇〇八年七月二八日に発生した神戸の都賀川《とがかわ》水難事故の事例です。

都賀川は全長一七九〇メートルしかない、どこにでもある小さな河川です。この狭い川の流域に、一〇分間に二一ミリの雨が降りました。一〇分間に二一ミリですから、一時間雨量に換算すると約一二〇ミリになります。この間に都賀川の水位が一気に一・三四メートル上がったといわれていますが、それは違います。じわじわ上がったように聞こえますが、そうではなく、平時の水位のところに鉄砲水が来て、その高さが一・三四メートルだったというイメージです。現場では、子どもたちが遊んでいました。ここに鉄砲水が来たのです。コンクリートの三面張りになっているため、流されても手をかけるところがありません。五二人が避難したり救助されたりしましたが、子どもを含む五人が犠牲になりました。

都賀川は、阪神・淡路大震災のときには生活用水を汲んだりするたいへん重要な役割を果たしましたし、朝晩は通勤や犬の散歩などに利用されて、市民に愛されている空間です。ここに、雨が降りはじめて四分か五分、そのくらいで鉄砲水が襲ってきました。ごく小さな河川の流域に大量の雨が降って、あっという間に川の水位を上げて、気づくとまた元の状態にサッと戻ってしまう。事が終わったときには六〇人近くの人が増水に遭遇し、そのうちの五人が亡くなっている。これがゲリラ豪雨です。

最初にこの例を出しましたが、皆さんに問いかけたいのは、こういう状況の中で、行政は何をすべきだろう、何ができるだろう、ということです。

私のような防災研究者は、上流の河川の水位を観測していて、「これはまずいですよ」と下流に避難勧告を出して逃げていただくということを考えるのですが、このようなゲリラ豪雨の場合はどうやっても無理です。避難勧告が出せない状況が現出しているのです。

この後、国土交通省に「中小河川における水難事故防止策検討WG」が立ち上がり、私も委員になりました。そこでは、赤色灯、いわゆる赤のサイレンを付けましょう、看板を立てましょう、というような案が提示されました。それに対して私は、そういうことをする意味をもう一度考え直すべきではないのか、と発言しました。

どういうときに住民は避難するのかというと、避難勧告が出たら避難する、これが日本のシステムです。防災の基本です。災害対策基本法にあるように、避難勧告が出たら、それに従って住民は逃げます。逆に、避難勧告が出なければ逃げなくてもいい。このように、行政からの情報に依存して日本の防災は進んでいます。

ところが、都賀川のような状態では避難勧告を出せるはずがないのです。そこで、危ないときには赤色灯を回すということになる。しかし、毎回一〇〇パーセントの成功率で回すことができるでしょうか。回せない状況もあるわけです。しかし地域の人は、「赤色灯が回ってなかったから安全だと思っていた」という話になります。そうなると、逆に危険を招くケースがあるのではないでしょうか。同様に、看板を立てるということですが、全長一七九〇メートルの河川で危なくないところがありますか？　全区間危ないに決まっています。にもかかわらず、「あそこは看板がなかったから安全だと思っていた」という話になります。

行政からの情報に委ねて災害対応を行う体制そのものの問題点を、この事例は指摘しているように思うのです。

「全市民への避難勧告」は妥当か？

次に、「情報は出せたのに……」という話をします。

二〇〇八年八月末、日本列島全体に湿った空気が大挙して入り、どこで災害が起きてもおかしくない状態になりました。なかでもひどかったのが愛知県岡崎市で、夜中二時に一時間降水量で観測史上一位の一四六・五ミリの雨が降りました。五〇ミリの雨でも凄《すご》いのに、その三倍ですから、とてつもない雨です。私は生まれが東海地域ですから知り合いがそこにおりまして、当時の状況を聞いてみたところ、「雷が鳴り続けて懐中電灯がいらないほどだった」という言葉が印象的でした。また、「大粒の雨が地面や屋根に当たって、その跳ね返るしぶきが一メートルから一メートル五〇センチくらい、たなびいていた。そこで息を吸うとむせかえるような状況だった」そうです。岡崎市は丘陵地でアップダウンがあります。そうすると、降った雨は瞬時に道路に出て、ザーッとすごい勢いで流れるわけです。公園のゴミ箱は音を立てて流れ、家の前の植木鉢はそのままゴロゴロと流れていったそうです。

そのような状況の中、岡崎市役所が避難勧告を発令しました。東西三キロ・南北五キロの範囲に降った局地的な雨で、本当に狭い領域だったのですが、その近くには市役所もありました。時間雨量一四六・五ミリを観測したその一〇分後、午前二時一〇分に全市民約三七万六〇〇〇人に対して避難勧告を出しました。実際に逃げたのは五一人です。

この五一人という避難実績を見るときに、少し前の社会的風潮ならば、避難勧告に従わない住民はなんと危機意識が低いことか、と断じたであろうと思います。しかし、そうでしょうか。なぜなら、あの雨の最中に本当に全市民が逃げたら、むしろ犠牲者が増えていたのではないか。たぶん、逃げられなかったというよりは、逃げてはいけなかった人が多いのだろうと思います。その一方で、そもそも全市民に避難勧告を出す必要があったのかと考えてみますと、岡崎市には高いところも低いところもあって、低いところには木造の平屋建てもある。そこに水が集まってきて、あっという間に屋根まで上がります。そんなところに住む方が市内のあちこちにいるのであれば、市長は全市、つまり全市民に避難勧告を出さざるを得ない。ところが、低いところにはマンションもある。ここの上階に住む方は避難する必要があるでしょうか。

市長が全市民に避難勧告を発令したことの裏付けは、災害対策基本法の第六〇条です。そこにはこう書いてあります。「市町村長は、必要と認める地域の居住者、滞在者その他の者に対し、避難のための立退きを勧告し、及び急を要すると認めるときは、これらの者に対し、避難のための立退きを指示することができる」。ともに立退きの勧告であり指示です。どこに立ち退くかというと、第二項に「市町村長は、その立退き先を指示することができる」とあります。つまり避難所です。体育館です。この災害対策基本法の枠組みによれば、市長は「市民は家から立ち退いて、全員、体育館に集合」と言っているのです。

家が水に浸かっていない人にも、わざわざ水に浸かった危ない場所を通って体育館に集合せよと命じているのです。高いところに住む人に、わざわざ低いところに下りてきて指定避難所に行けといっているのです（図22）。私は首をひねります。

しかし一方で、このとき市長が避難勧告を発令しなかったらどうなっていたでしょうか。おそらくマスコミや市民は、「あんな状態であったにもかかわらず、避難勧告を発令しなかった」と言って、岡崎市当局の対応を批判したでしょう。

私は、岡崎市長が全市民に避難勧告を出したことの良し悪しを問う以前に、日本の避難制度が破綻《はたん》していると考えています。

そもそも避難勧告というのは、ある一定の面的な広がりをもつ地域に対して、一律一様に出ます。その中にはさまざまな条件の人がいます。それに対して、画一的な情報によって、さまざまな人の安全をすべて担保することができるのか。どう考えても無理です。災害対策基本法第六〇条の避難体制は間違っています。猫も杓子《しやくし》も体育館集合というのは間違いだ、ということを言わなくてはならないと私は考えています。

図22

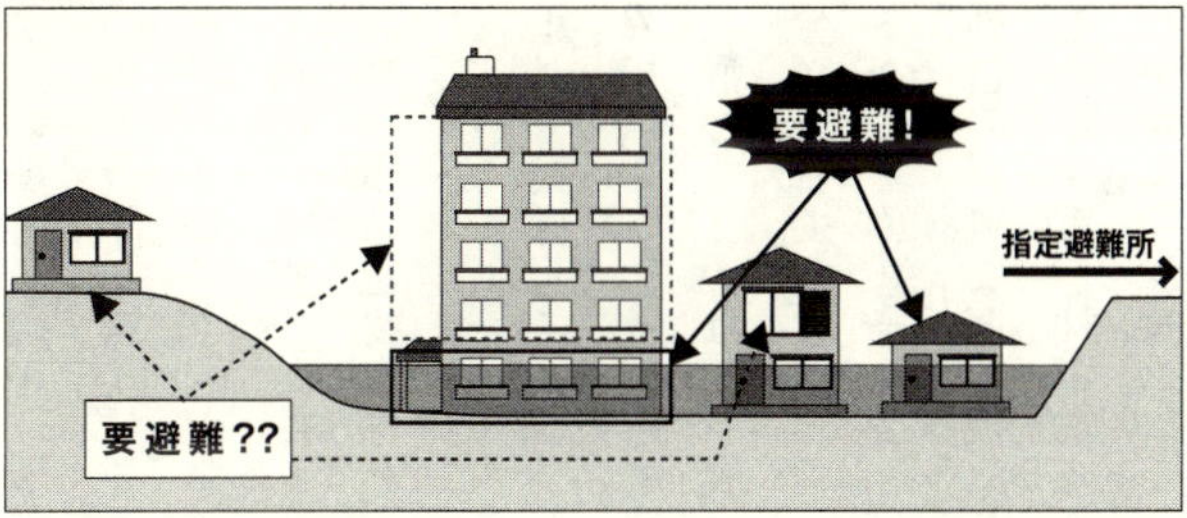

三種類の「避難」

住民は、どういうときに避難するのか。避難勧告が出たときなのか。しかし、都賀川のように勧告が出せない状況ではどうするのか。また、岡崎市のように、勧告は出ているけれど本当に逃げるべき状況なのか。

住民は、これまでの考え方を改めなければいけません。「避難勧告が出たから逃げる」「出ていないから逃げなくていい」というのは違います。避難勧告が出ていようが出ていまいが、危なかったら逃げる。または、結果として逃げないという選択、自宅にとどまるという選択も可である。こういう方向にもっていかなければならないだろうと考えます。

住民一人ひとりが、自分の条件に鑑みて、どう行動するべきかを的確に判断するような主体性が必要です。そのとき、何を考慮すべきかというと、まず立地場所です。低い場所なのか高い場所なのか。次は家屋の状況です。低い場所であっても、木造平屋建てなのか鉄筋コンクリートの上層階なのか。そして、もう一つあります。寝たきりのおばあちゃんがいる、小さい子どもがいる、などといった家族の条件です。一人ひとりが、立地場所、家屋の状況、家族の条件を考えながら、自分のとるべき行動を、避難勧告の有無にかかわらず判断せざるを得ない状況があるように思います。

ところが、こうしたことを考えはじめると、混乱が生じてきます。それは避難の考え方を正しく把握していないからだろうと考えます。日本では、漢字二文字で「避難」です。読んで字のごとく、危ないから逃げろ、これくらいにしか理解されていないのです。しかし避難というのは、本来は三つの考え方で理解されるべきだと思います。英語では三種類に分類されています。

一つは、緊急避難。命からがらの避難です。例えば、津波をイメージしてください。避難勧告の有無など関係ありません。津波が来たら、他人の建物であろうが、鉄道の高架であろうが、電信柱であろうが、駆け上がるわけです。こういう、命からがらの緊急避難をエバキュエーション（evacuation）といいます。

二つ目は滞在避難、シェルタリング（sheltering）です。体育館などの避難所で一時生活するような避難のことです。

そして三つ目は難民避難、レフュージ（refuge）といいます。避難をしたが、家に戻れないので仮設住宅で生活しているような状態です。これは本来、難民生活というべきですが、日本では避難生活という語で済ませています。

この三つの避難のうち、行政が対応できるのは滞在避難と難民避難です。これはしっかりやるべきです。しかし緊急避難、エバキュエーションについては、個人個人みんな条件が違いますから、その主体を国民に返していくべきではないかと私は考えているのです。要するに「自分で判断しましょう」ということですが、ただ、住民にとっては、いきなりそう言われてもなかなか難しいものがあります。ですから、地域ごとのハザードマップによって、地域の危険、その時起こることへの対応策を明確に伝えていかなければいけないということです。土砂災害でいえば、土砂災害警戒区域を指定して、どこがどう危ないかということに対する認識を、それぞれが知識としてもっていることが必要です。

「逃げどきマップ」という試み

先進的な事例を紹介します。

愛知県清須市では少し変わったハザードマップをつくっていて、「逃げどきマップ」という名前がついています。通常、河川のハザードマップは浸水深で色を分けてありますが、これは違います。マップの表は木造用で、裏は鉄骨・鉄筋コンクリート造用。つまり、住宅の構造によって違うということです。

例えば、対象の一つに西枇杷島町《にしびわじまちょう》という地域があります。二〇〇〇年の東海豪雨で新川が氾濫し、床上一・五メートルが浸かって大変な被害が起こったところです。図23は、庄内川が危険な状況になったときに使う「逃げどきマップ」です。木造なのか鉄骨・鉄筋なのか、平屋なのか二階建てなのか、浸水前なのか後なのか、というような条件と、地域に応じた浸水の深さや流速、浸水時間の長さなどによって、どう行動をとるべきかを具体的にマップという形で展開しているのです。

基本的に、緊急避難の主体は国民に返すべきだと私は思っているのですが、「自分で考

図23

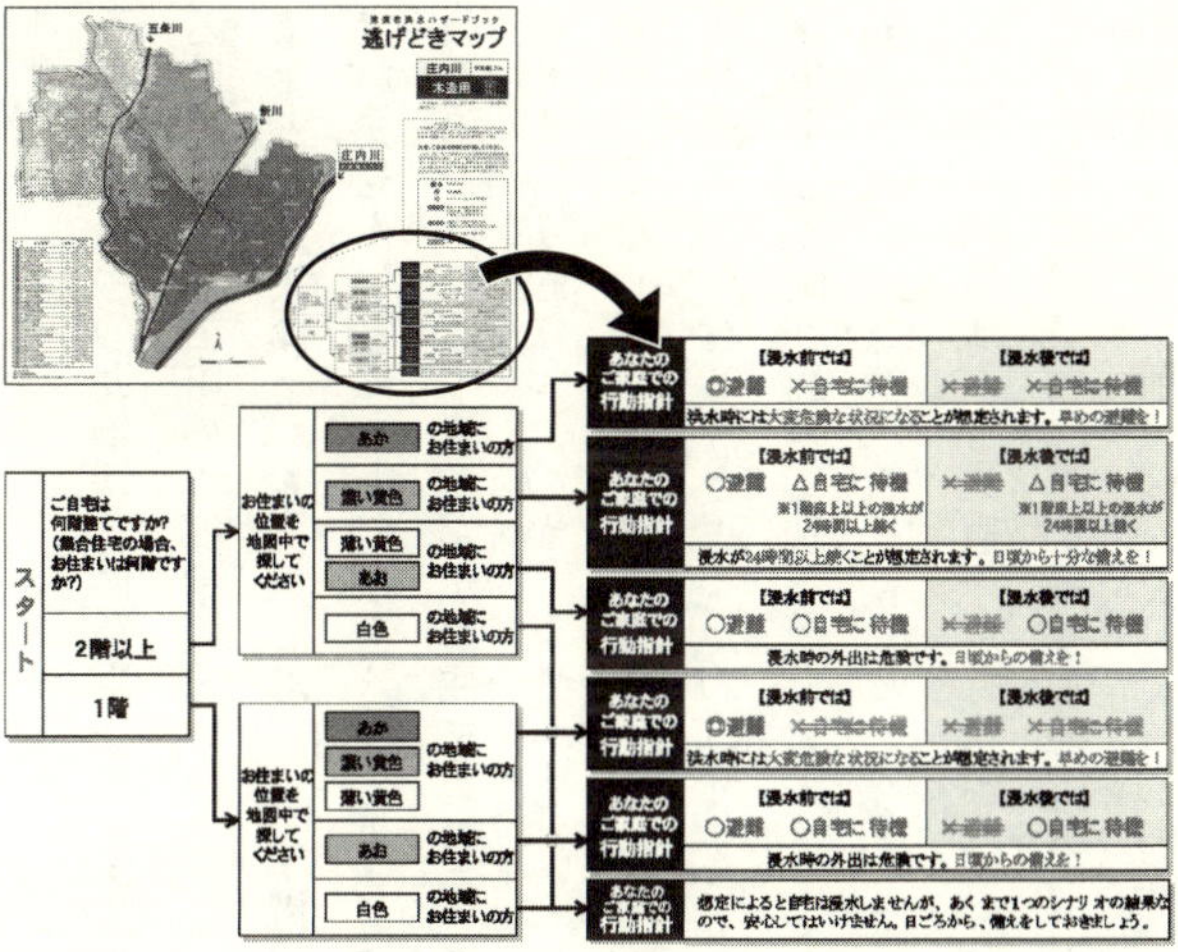

えろ。後は知らん」と言い放つには、かなり専門的な知識が住民側に必要となります。したがって、返すべきだけれども、同時に、そういった情報をしっかり出す努力もやっていくべきなのです。

避難の途中で流された……

ここまで二つの事例について紹介しました。避難勧告が出せないケースと、勧告を出したとしても一律の情報で全住民の安全を担保できないというケースです。ともに避難に対する住民の主体性が必要であることをご理解いただいたと思います。しかし、さらに難しい災害が起こりました。

　それは、二〇〇九年八月に発生した兵庫県佐用町の水害です。岡山県と兵庫県の県境にある町です。この町の本郷地区というところで九名が亡くなりました。現場はどこにでもあるような用水路でした（写真21）。U字溝があって、普段は水がちょろちょろとしか流れていません。とても九名が亡くなるような現場には見えません。こういう現場を危ないというのであれば、皆さんがお住まいのそこかしこが全部危ないといってもいい。

　なぜ水害が起こったのか。私たちも非常に考えさせられ、正直、反省させられました。九名が亡くなった状況を述べます。亡くなった住民は、川の反対側から小学校の体育館、つまり避難所へ行こうと思ったわけです。ところが、用水路の暗渠《あんきょ》の入口にあたる一点に水が集中して流れ込みました。ピンポイントです。本郷地区の集会所の脇《わき》に差し掛かったときはくるぶしくらいまで水が来ていたのですが、そのまま進んだら、一点に集中した濁流によって、ちょうど柔道で足を払われるようにして流されてしまったのです。

　この地域は、二〇〇四年にも水害にあっています。住民はその経験もあるし、自分たちは川の近くの低い所に住んでいて、なおかつ避難する際は橋を渡って行かなければならな

写真21

いから、早めに逃げたのです。そして、地域の自主防災会もちゃんと活動していました。

　私たちは豪雨災害発生直後に現場に入り、住民への聞き取りを行いました。大雨が降ったのは夜八時台で、八二ミリの雨が降っています。夜七時の段階では特別危険な状態ではありませんでしたが、今夜はすごい雨が降りそうだというので、自主防災会の連合会長さんが役員を集会所へ招集し、夜七時から八時の間、今夜の対応の相談を行いました。そして三〇分くらい経ったときに、すごい雨が降りはじめたのです。夜八時の段階で、自主防災会は防災行政無線のスピーカーを使って放送を流しました。会長は無線で「家にとどまってください」と言ったのです。しかし住民に話を聞くと、「無線で『逃げろ』と言っていたよ」という人もいました。よくよく話を聞いてみると、何度も何度も放送している間に、基本的には「家にとどまるように」と言っているのですが、家の周辺が危なくなったら早めに逃げるように、というような言葉もフレーズとして出てきたようです。それを聞いた住民は「逃げろと言ったではないか」ということになります。避難勧告が出たのは夜九時二〇分でしたが、住民が避難を開始したのはそれよりも前でした。

それまで私は、避難勧告が出たら一刻も早く逃げろ、という話ばかりをしていました。しかし、洪水避難の場合はそれでいいのだろうかと、このときに考えさせられたのです。

被害にあった方々は、明らかに高い防災意識のもとで、避難勧告より前に行動をとっていました。それが悪かったのかというと、悪いとはいえません。しかし、本当に必要なのは、その状況でどうするべきかという判断ができる主体性とか知恵といったものだと強く感じます。逃げること、それは重要なのですが、それ以前の問題として、「避難勧告が発令されたら逃げる」「発令されなければ逃げない」という単純な話ではないのです。

もっと大本から考えると、日本の防災は、個々の住民が自分の命を自分で守る意識と、災いを避けて通る知恵をもてるような方向へ進めていかなければならないということです。そういう思いを、私は強くもっています。

災害対策基本法の功罪

日本の防災は、災害対策基本法に基づいています。これを読んでみますと、防災は全部、行政がやれと書いてあるのです。

同法の第三条には、こう書いてあります。「国は、国土並びに国民の生命、身体及び財産を災害から保護する使命を有することにかんがみ、組織及び機能のすべてをあげて防災に関し万全の措置を講ずる責務を有する」。第四条は都道府県、第五条は市町村、と主語が変わるだけで、ほとんど同じ内容です。第七条には住民の努力義務のことが書いてありますが、行政側は「責務」です。つまり、行政が全部やれと書いてあるわけですが、無理があるに決まっています。

もっとも、私はこの法律を悪く言いたくはありません。いや、たいへん立派だったと考えています。

災害対策基本法が施行されたのは一九六一年です。この二年前に伊勢湾台風がありました。名古屋港で高潮によって防波堤が崩れ、港の中にあるラワン材や海外から輸入された材木が巨大な流木となって堤防を突き破り、街中に流れ込みました。遺体の損傷もひどくて、本当に無残なことになったのです。

注目したいのは、この頃は、日本では自然災害によって年に数千人規模で人が亡くなっていたということです。人口一億人のうち、災害死が年間数千人です。これは異常な事態です。明らかにシステムエラーです。仕組みそのものになんらかの欠陥があるからです。それはどういう欠陥かというと、あるべきところにあるべきものがないということです。その当時、最低限必要な防波堤も、堤防も、砂防ダムも、まったく不十分という状況でした。斜面にまともにコンクリートを張ってあるところもなかったのです。また、情報伝達体制も避難体制も不十分でした。では、誰がそれをやらなければならないか。国や都道府県、市町村がやらなくてはならない。そういう状況のもとで制定されたのが災害対策基本法なのです。

その後、幸いにも高度経済成長期を迎え、行政主体の防災を可能ならしめるだけの財政

図24

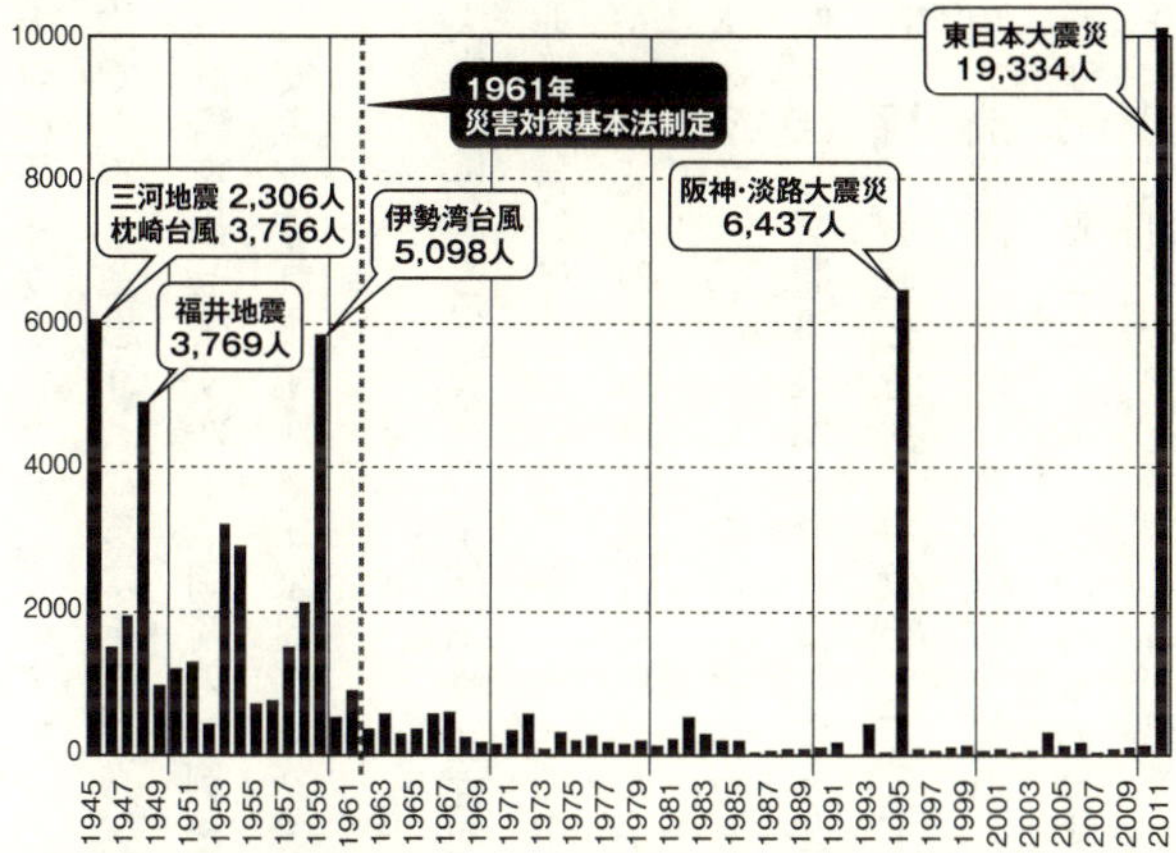

※平成23年防災白書をもとに作成
※2011年は東日本大震災の死者・行方不明者のみでカウント（平成23.12.9警察庁資料を参照）

収入が生まれました。そして、この法律ができた後を見てください（図24）。地震や台風を含む自然災害による死者・行方不明者の人数を表したものです。自然災害で年に数千人亡くなっていたものが、阪神・淡路大震災、東日本大震災の年を除けば、一〇〇人前後にまで減少しているのです。こう考えたときに、災害対策基本法は悪かったのでしょうか。悪くはないのです。やるべきことをしっかりやった結果、年間一〇〇人前後まで死者数を減らすことができたのです。

しかし、今私たちがやらなければならない防災は、残り一〇〇人の犠牲者をどうゼロにするかという防災なのです。こうなってくると、それまでと同じ枠組みで、行政主体でやろうと思うところにそもそも無理があるのです。都賀川の事例を見てください。避難勧告を出せますか？　岡崎の事例を見てください。避難勧告という一律の情報で全市民の安全を守れますか？　限界があります。

人為的に高める安全は、人間の脆弱性を高める

非常に言いにくいのですが、あえて申し上げておきます。

人口一億人のうち自然災害で数千人が亡くなることはシステムエラーです。しかし、一億人のうち一〇〇人亡くなることはシステムエラーではなく、事故です。

例えば、交通事故死をゼロにしようと考えたとします。行政は、信号をつけ、歩道橋を造り、横断歩道を造り、看板を立て……といろいろなことをやります。しかし、信号無視をして飛び出す人がいたら事故が起こります。つまり、事故という領域になったときに、行政ができることには限度があるのです。そこでさらに数を減らそうと思ったら、行政ではなく国民自身がやるべきことが出てくるわけです。日本の防災はそういう領域に来てい

ると思います。それにもかかわらず、これまでと同じように、災害対策基本法に基づく行政主導の枠組みの中で進めようとしているところに限界があるのです。

限界だけではなく、弊害すらあると思います。弊害とは何か。自然災害に向かい合うのは行政で、行政の庇護《ひご》のもとに住民がいるという構造です（図25）。堤防を造ります、ダムを造ります、砂防をやります、いろいろな施設で守ります。そして、逃げなければいけないときは避難勧告を発令して教えてあげます。こういう仕組みが、五〇年にわたって、法に裏打ちされて続けられてきたのです。それによって年間数千人の死者を一〇〇人に減らしたのですから、決して悪くはなかった。しかし、「人為的に高める安全は、人間の脆弱性を高める」という必然性があることを忘れてはなりません。

具体的にはこういうことです。一〇〇年に一回の大雨を想定して堤防を造ります。すると何が起こるのか。昔、

図25

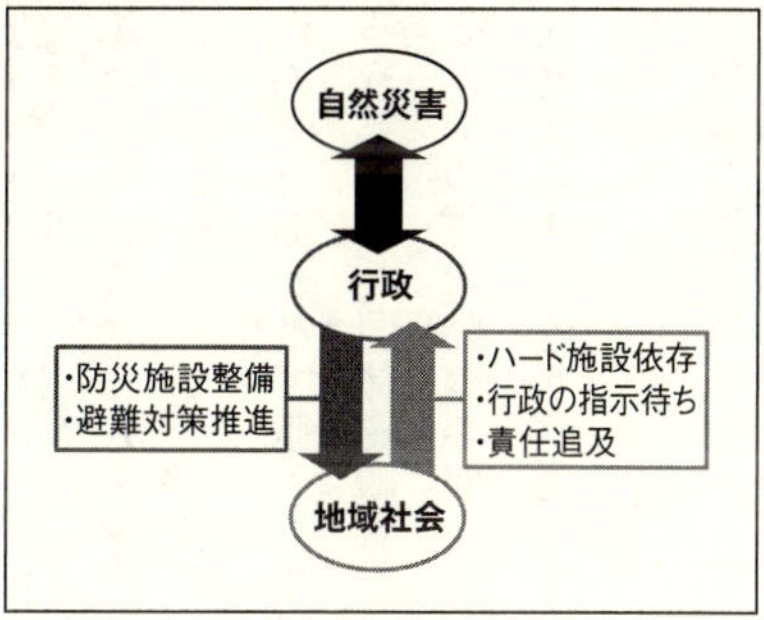

堤防のない時代には小さな水害が結構あって、そのたびに水防団や消防団が頑張った。あの場所は水に浸かるから家を建てるな、というような情報も共有されていた。ところが堤防ができると、一〇〇年確率以下の小さな水害は全部取り払われる。その結果、小さな水害があったおかげで脈々と受け継がれてきた災いに備える知恵は失われてしまう。地域を守ろうとした共同体意識もなくなってしまう。

そうやって、いつの間にか無防備になってしまった住民に襲い掛かるのが、一〇〇年確率を超える大きな災害ということになるのです。

過剰な行政依存

二〇〇四年の新潟豪雨災害で、被害の大きかった三条市、見附市、中之島町（現長岡市）の住民を対象に調査をしました。そのときの自由回答を紹介します。

氾濫した刈谷田川《かりやたがわ》、五十嵐川《いからしがわ》は中小河川ですから、雨がはげしく降りはじめてから五〜六時間で堤防が切れました。状況の進展が早く、避難勧告、避難指示がうまく伝わらなかったものですから、住民は怒りました。特に旧中之島町では、避難勧告が出てからわずか一二分後に堤防が決壊したため、「何の情報もなくて動けなかった」「ウチは車を二台もダメにした。せめて二時間前に避難勧告をくれよ」と、住民は口々に怒っていたものです。

でも、おかしいと思うことがあります。自由回答の一つに「浸水が進んでも避難勧告がなく、避難できなかった。市の責任は重い」というのがありました。このまま読むと、それはそうだろう、情報もないまま水が来たから住民は怒るだろう、と理解はできます。しかし、読み方を変えるとどうでしょう。「水が来た。だけど、逃げろと言われなかったので逃げられなかった。市の責任は重い」。あなたは逃げろと言われなければ逃げないのか、と言いたくなるような状況がここにあります。現に、三条市では、床上浸水した平屋建ての家でも逃げていないのです。もう一息、水が上がっていたら犠牲者が出ていたでしょう。どうして逃げなかったのか、とあちこちで聞いたのですが、「避難勧告がなかった。市は何をやっているのか」と怒ってばかりいる。いったいどうなっているのだろう、と思うわけです。

さらにいえば、皆さんも「浸水が進んでも避難勧告がなく、避難できなかった。市の責任は重い」という一文を読んで、おかしいと思わなかったでしょうか。まあそうだろう、と納得してしまったのであれば、あなたもかなり毒されています。

災害対策基本法のもと、五〇年にわたって「行政が行う防災」が進められてきた結果、このような日本の防災文化が定着してしまっている。防災に対して過剰な行政依存、情報依存の状態にある。自分の命の安全を全部行政に委ねる。いわば、住民は「災害過保護」という状態にあるのです。これがわが国の防災における最大の問題なのです。

「内発的な自助」とは

そうしたなかで、日本の防災の仕組みに限度があることに、国民は気づきはじめたのです。これだけ各地でゲリラ豪雨があって、行政ばかりに頼っても無理だと思いはじめた。その証拠に、自助、共助、公助という言葉が、社会に受け入れられるようになりました。

一〇年前に「自助」などといったら、住民は怒り出したでしょう。「役所は『自分たちでやれ』というのか。オレたちは税金払っているんだぞ」というような言い分が大勢だったと思うのです。ところが、「行政の対応には限度がある。やはり地域の安全、自分の安全は自助、共助だ」という理解が図られつつあるのが今日的な状況だろうと思います。

しかし、皆さんがこのとおりに理解しているとしたら、私はその理解を全面否定したい。なぜ、自助が必要なのですか。なぜ、共助が必要なのですか。そう伺うと、「行政に限界があるから」とおっしゃいます。確かにそうです。しかし、行政に限界があるから自助なのですか？　本当は行政が行うべきなのだけれど、行政がやりおおせないから仕方なく自助なのですか？　こう問いたいのです。

自助には二つあると思います。一つは、仕方なく自助、受け身の自助です。本来ならば行政が行うべきなのに、できないから仕方なく自助。完全に受け身です。これに対して、主体的な自助というものがあるのです。私はそれを「内発的な自助」といっています。親として家族を守りたい、地域の若者としてみんなで安全を守り抜きたい、そのような内《うち》なるものとして沸々と湧《わ》いてくるような自助のことです。この違いは、非常に重要だと私は思っています。これはまったくの精神論ですが、これからの住民や地域の災害対応を根底から変えるものです。

いま、あらためて自助のあり方を問いたいと思います。なんでも行政に情報をもらって逃げるという仕組みそのもの、姿勢そのものが間違っているのです。もちろん、住民の命を守るという公共の福祉に対してできる限りのサービスをすることは、行政のやるべきことでしょう。そして、「逃げどきマップ」のような役立つ情報をどんどん流す、つまり主体的な気持ちをサポートするような情報を提供することも必要です。しかし、情報を出すからこれに従って逃げてください、ということではだめだと思います。それは情報の内容の問題ではありません。姿勢の問題であり、行政と住民の関係構造の問題です。

日本の防災というのは、もともと内発的なものなのです。昔は、お上は全然あてにならなかったからです。

日本の防災の基本は、消防にあると思います。火事とケンカは江戸の華、といっていた時代がありますが、江戸のあれだけの町が全部木造ですから、頻繁に火事が起こる。そうすると消防団が、め組だ、は組だと法被《はっぴ》を着て、纏《まとい》を持って飛び出して行き、地域に延焼していくのを防いだのです。自分たちで一生懸命、地域を守ったのです。

こういう動きは、そのまま水防団に反映されました。川は、右岸が守られると左岸が切れます。上流を守れば下流が危ない。水防とはそういうものです。ですから、水防団は地域の若い者がみんな出てきて、「対岸に負けるな」と言って懸命に土嚢を積んだのです。

まだ行政に十分な力がない時代であったからこそ、地域を守り抜きたいという思いがあった。これが日本の防災の内発性であり、本当の防災の基本だったと思うのです。

今本当に必要なのは、このような主体的な自助であり共助です。我々防災研究者は、それをサポートしていくのが役割だろうと考えています。

「日本一の高齢化率の村」が示した地域防災力

二〇〇七年の台風九号で、群馬県の南牧村《なんもくむら》が大きな災害にあいました。谷があって、谷沿いに林道があって、そこが川の洗掘などで崩壊しました。新聞は「集落が孤立した」と報じました。この南牧村の高齢化率（約五七パーセント）は日本一で、地域に入ると、後期高齢者、歩行用の乳母車《うばぐるま》を押すおじいちゃん、おばあちゃんをたくさん見かけます。災害後に行きましたら、斜面、道路のあちらこちらが崩れていました。そんなところに後期高齢者の方々が住んでいるのです。しかし、犠牲者はゼロでした。住民の対応も、行政の対応も立派でした。そのあたりを説明します。

南牧村はV字谷に沿って主要な道路があり、その道路沿いに避難場所があります。林道を入って行って沢があるところなのですが、そこかしこが崩れて各所で集落が孤立したのです。村の職員は、小さな村ですから一人ひとりの住民のことをよく知っています。ここのおばあちゃんは、最近、孫から誕生日のプレゼントで乳母車をもらったけれど、「年寄り扱いするな」と怒って納屋《なや》にそれを隠している、というような笑い話みたいなことまで知っているくらいです。こういう村に大雨が降ったわけです。

災害当日、県庁から土砂災害警戒情報が発表されました。その時、村の職員はそれにどう対応したのか。県は、地域に避難対応をやってもらおうということで土砂災害警戒情報を出しています。それはイコール避難勧告の発令ではないはずですが、それまでの慣例では、土砂災害警戒情報が出たら地域の役場は避難勧告を出すこと、という〝暗黙の了解〟がありました。しかし南牧村の職員は「避難勧告は出しません。こんな状態でおじいちゃん、おばあちゃんが乳母車を押してきたら死んでしまいます。とても外へ出せる状況にないので避難勧告は出しません」と言ったのです。職員は、そう言ってのけるだけの自信があったのです。役場では、その前の段階から、防災行政無線を使って「役場の職員はこれから行けなくなります。皆さんの地域が孤立して行けなくなってしまいますが、行けるようになったらすぐ助けに行きますから、地域で難を逃れるようにみんなで助け合ってください」と、励ましのアナウンスをどんどん入れていました。

そうした柔軟な対応をした役場の職員も立派だったと思うのですが、それに応《こた》えた住民も立派でした。農家のおじいちゃんは、コンニャク芋を入れる麻袋でにわか仕立ての土嚢を作って、隣のおばあちゃんの家の浸水を防いでくれました。崖の上に住むおじいちゃんは、「これはまずいな」と思って、崖下に住むおばあちゃんを軽トラックで迎えに行って自分の家へ上げました。しばらくすると、おばあちゃんの家は浸水しました。

日本一の高齢化率ということは、いわば自助の力は最低です。しかし、この村には、そのハンデを補って余りある共助の力があった。地域防災力の高さとは、こういうことです。

住民をいかに「説得」するか

もう一つの例を紹介します。

群馬県のみなかみ町に、粟沢という人口一〇〇人、三十数戸の小さな集落があります。あるとき、県の砂防の職員が「先生、コレを地域へ持っていかなければならないのですが、

図26

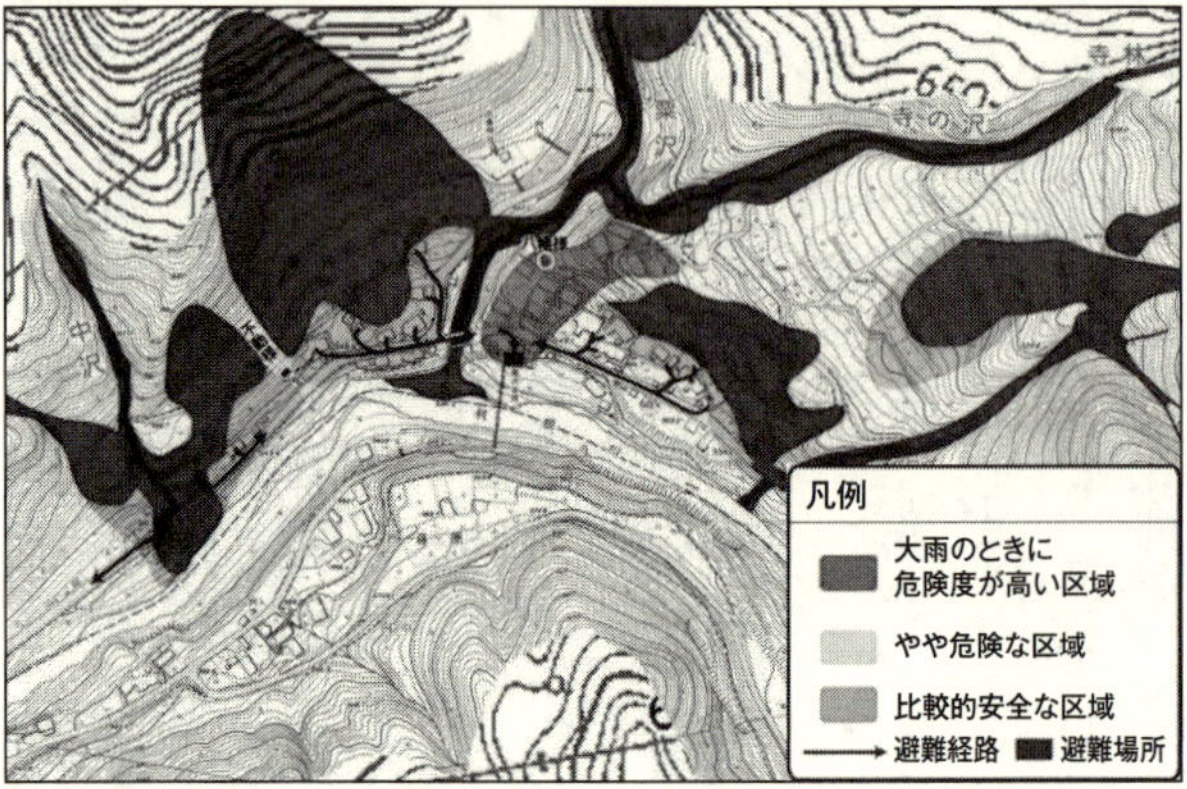

どうやって説明したらいいでしょう」と相談に来ました。コレとは、粟沢一帯の土砂災害警戒区域図の元となる危険箇所図（図26）でした。一九九八年、二〇〇二年と立て続けにこの地域で土砂災害があったため、住民の防災意識が高いことはわかっていました。それだけに、この地図を持っていったら「役所はこうなることがわかっているのなら、どうして早く対応しないんだ」と責められることは目に見えている。そこで、私に説明を手伝ってもらいたいというのが県の依頼でした。

　説明会は夜七時から公民館で行われたのですが、土砂災害に関する地図が配られるということで住民の関心は高く、結構な人数が集まってきました。そして、条件の悪いことが一つありました。夜七時ということで、晩酌を引っかけてから来る人もいたわけです。現場を任された役場の若い職員が、見るからに緊張しながら土砂災害の危険箇所図を配りました。

すると開口一番、「なんだ、これは。おい役場、安全なところなんか一カ所もないじゃないか。どうするんだ！」と声が飛びます。若手職員は、私のほうをチラッと見ました。よろしくお願いします、という感じです。そこで私はこう言ってしまいました。

「そうですね。役場はどうするんですか」

若手職員は、「裏切られた！」という恨めしそうな顔で、玉のような汗をかきながら絶句しています。じつは私も、いきなりこんな展開になるとは思っていなかったため、思わずそんなふうに言ってしまったのです。「しまったな」と思いましたが、時すでに遅しです。そこで、しばらく職員に絶句してもらって、その間に一生懸命考えたうえで、あたかも事前に作戦を組んでいたかのごとく「なぜ、この役場の若い職員は困っているかわかりますか」と、住民に問いかけたのです。

群馬県には七四一六もの土砂災害危険箇所があって、ハード対策ではその全てに一度に対応できない。やらなければいけないことはわかっているが、とても手が回らない。加えて、防災のための財源にも限度がある。ない袖は振れないのだから、自発的に逃げるとか、そういう対応をしてもらわなくてはならない――というような話をしていったわけです。

するど、「そうか、だから先生は避難の話をしに来たんだな」と声がかかる。私は最初から、自分は土砂災害の専門家ではなくて、避難すること、逃げることが専門です、と話していましたから、「逃げる話か。わかった。じゃあ、危なくなったら避難情報を出してくれるんだな」ということになります。そこで、役場の職員に話を振りました。

しかし役場は、「県とも協力し、できる限りの情報はお出ししますが、完璧な情報となりますと……」と歯切れが悪い。それは無理もないのです。土砂災害の情報は当たりません。二〇〇七年に全国で起きた主な土砂災害を例にとると、人的・家屋被害が生じた八四カ所のうち、事前に避難勧告が出たのはたった三カ所(国交省砂防部調査)です。

とはいえ、粟沢の住民はそれではおさまりません。「施設も整備できなければ、情報もまともに出ない。どういうことだ」「先生、あんた避難の専門家だろ」。この辺から、私と住民との勝負になるのです。

「六〇〇年前の墓石」が意味すること
まず、私は確認をとりました。

「一〇〇パーセントの安全が欲しいですか」

「欲しいに決まってる」

「だったら簡単です。ここから、この地域から出ていくしかありません」

住民は、何を言うのだ、という顔で私を見ます。私はさらに続けました。

「町の平地へ行けば、土砂災害の危険はありません。ただし、洪水の危険があります。川沿いは嫌だから海のそばへ行ったら、津波でやられるかもしれません。自然から離れて都会で暮らしたら、通り魔にあうかもしれません。どこへ行っても危ないものはあるのです」

住民も、役場の職員も絶句です。でも、全部まとめて行政によろしく、という住民の姿勢の危うさを伝えるために、私はあえてそういう言い方をしたわけです。自然と向かい合い、災害と向かい合って暮らしていくことの本質を議論しなければならないのです。

私はこの地区に入って、まず墓場を回りました。いちばん古い墓石を探したのです。そして、六〇〇年ほど前の墓石を見つけました。頻繁に土砂災害が起こる地区で、コンクリートも情報もない六〇〇年前から生きながらえている石がある。そのことを住民に伝えました。

「どうして、この地域が六〇〇年続いてきたかわかりますか。自分たちで主体的に災害と向かい合う知恵があったからです。現に、昔から伝わる知恵があったでしょう。『あそこの沢から水が出たら危ない』とか『あの池の水位が下がったら危険だ』とか……」

この問いかけは、住民に響いたようでした。そして私は、つい先ほど、土砂災害危険箇所図を配ったときの住民たちの反応を振り返り、いかに行政依存になっているか、その姿勢こそがこの地の最大の危険であることを指摘しました。

「皆さんが生きている間は、それで大丈夫かもしれません。でも、そういう姿勢の中で育てられたお孫さんたちは、将来、どうなると思いますか。何かあると、すぐ役場に頼る。自分の命の安全までも、役場任せ、行政任せにするようになってしまいます。この状態が危険なのです。いいですか、皆さんは畳の上で死ねるかもしれないけれど、お孫さんは畳の

図27

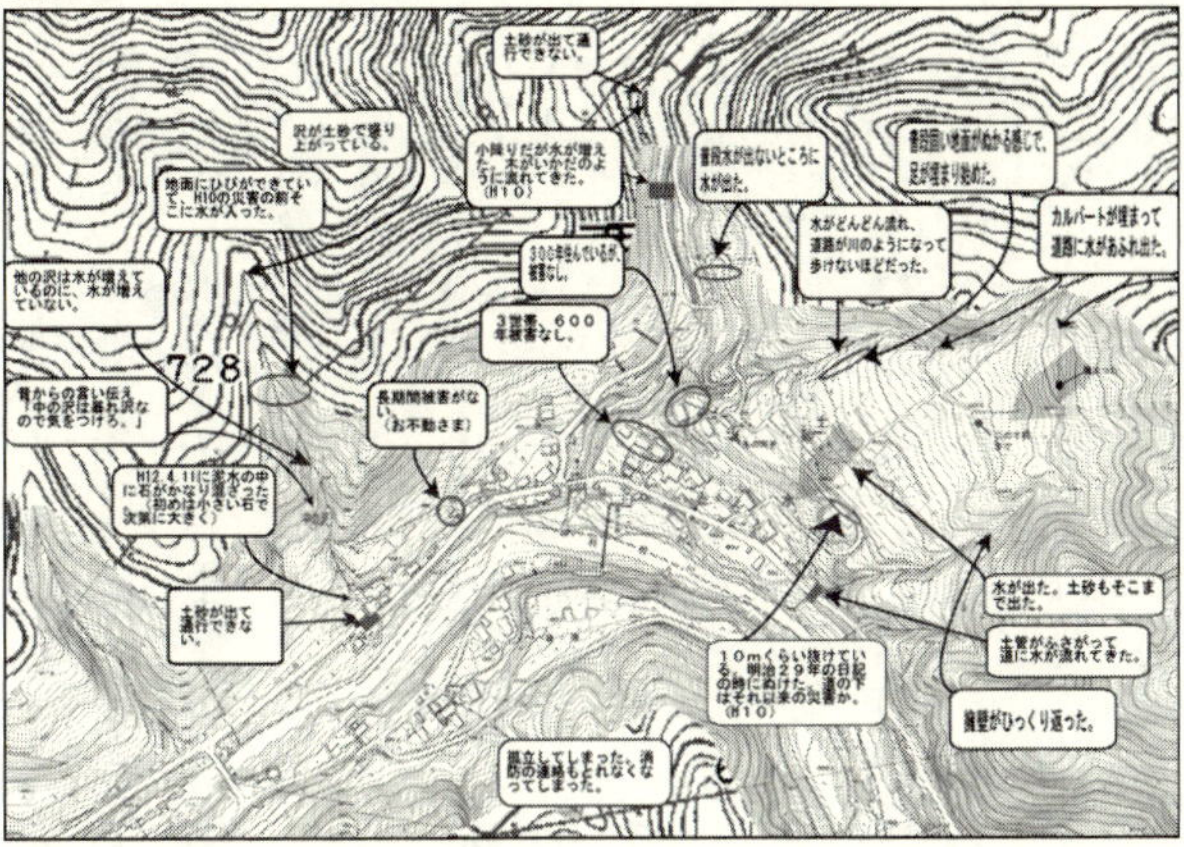

上で死ねないかもしれませんよ」

孫の話は禁じ手だったかもしれません。しかし、それをきっかけに住民たちは、昔聞いたことがある災害時の予兆現象や言い伝えなどを、口々に語りはじめたのです。

「内発的な自助」の誕生

この後、説明会は回数を重ね、やがて地域の自主防災会議となりました。

例えば、「災害の前には、ここの沢からゴロゴロと石が落ちてくる」という話が出ました。役場でも気象台でもわからない話です。このような情報を、地域で共有化するのです。もちろん、行政からの情報ももらうけれども、それに加えて、地域の情報も活用して総合的かつ主体的に判断する。行政だけでなく、自分たちもセンサーになるということです。

いつしか、最初に配った土砂災害危険箇所図は、地域に伝わる予兆現象や言い伝えを書き記した付箋《ふせん》で埋まりました。それは、次世代に引き継ぐべき、地域の災いと向かい合う知恵の集大成です（図27）。住民たちは、その集大成を活用し、区長が自主避難勧告を発令するという地区ルールを作成しました。地図に示された知恵を土砂災害の予兆チェックリストとし、住民がセンサーとなって自宅周辺を監視する。それを見つけたら区長に連絡し、区長は住民からの通報が「合計三つ」になった時点で、自主避難勧告を発令する。住民は声を掛け合ってみんなで避難する。そういうルールです。

群馬県では、土砂災害に対する自主避難体制構築に向けた取り組みが各地で行われています。こうした取り組みの先駆的事例である高崎市榛名山町社家町地区では、一九八二（昭和五七）年の土砂災害を契機に、その翌年から毎年、住民主体で避難訓練を実施しています。これこそ「内発的な自助」だと思います。

土砂災害、いや、あらゆる災害において、今、主体的な防災が求められているのです。

おわりに

日本の防災は、東日本大震災を経て大きく変わろうとしている。いくら防災が進もうとも、そこには行政を推進するうえでの「想定」があり、ときに自然はそれを超えて襲ってくるといった当たり前の事実に国民は気づき始めている。そして、自らの命は自らが守るという「自助」という言葉の真意と必然性を、ひしひしと感じとり始めている。

しかし、釜石の子どもたちが身につけていた主体的な防災行動が国民に定着するには、まだ多くの課題が残されている。四章でみたように、長年進められてきた行政主体の防災に国民は頼りきっており、自分の命でありながら、それを守るのは行政の責任とまで言いきる国民が多いのが現状である。このままの姿勢で「その時」を迎えるなら、「役所のせいだ！」と言いながら命を落とす事態になりかねない。こうした姿勢の根底にあるのは、責任を他者に求める意識である。それを改めなければ、命を守る主体性は醸成されない。

また三章で示したように、人には危機を知らせる情報を正当に感じ取れない心理特性や、死をあえて意識しないからこそ幸せに暮らせるという側面がある。したがって、避難をはじめとした災害対応行動とは、きわめて理性的に自らを律する行為なのである。それだけに、一朝一夕に国民の災害対応行動を適正化することは難しいといえよう。だからこそ私は、学校における防災教育の重要性を主張するのである。

柔軟な子どもたちの教育課程に防災教育を組み込むことがもたらす効果は、単に防災面にとどまらない。何事にも主体的に取り組む姿勢を醸成することによって、多方面に影響を与えることにもなろう。

東日本大震災で、無念のなかで亡くなった人たちの死を無駄にしないためにも、日本の防災は大きく変わらなければならない。本書がその一助になれば望外の幸せである。

最後に、本書をまとめるにあたって多くの方々の力を借りたことを記したい。研究室スタッフである前原育子秘書、児玉真研究員、小芝弘道研究員には、資料整理から原稿チェック、スケジュール調整まで多くの支援をしていただいた。また集英社の千葉直樹氏には、本書をまとめることのすべてにおいて、多大なご支援と励ましをいただいた。これらの方々に心から感謝を申し上げたい。

片田敏孝（かただ としたか）

一九六〇年生まれ。群馬大学大学院工学研究科社会環境デザイン工学専攻教授。同大学「広域首都圏防災研究センター」センター長。専門は災害社会工学。災害への危機管理対応、災害情報伝達、防災教育、避難誘導策のあり方等について研究するとともに、地域での防災活動を全国各地で展開している。特に釜石市においては、二〇〇四年から児童・生徒を中心とした津波防災教育に取り組み、災害に立ち向かう主体的姿勢の定着を図ってきた。

集英社新書〇六三三B

人《ひと》が死《し》なない防災《ぼうさい》

二〇一二年三月二一日　第一刷発行
二〇一八年八月二九日　第七刷発行

著者……片田敏孝《かただとしたか》
発行者……茨木政彦
発行所……株式会社集英社
東京都千代田区一ツ橋二-五-一〇　郵便番号一〇一-八〇五〇
電話　〇三-三二三〇-六三九一（編集部）
〇三-三二三〇-六〇八〇（読者係）
〇三-三二三〇-六三九三（販売部）書店専用

装幀……原　研哉
印刷所……凸版印刷株式会社
製本所……ナショナル製本協同組合

定価はカバーに表示してあります。

ISBN 978-4-08-720633-3 C0236

Printed in Japan

a pilot of wisdom

量子論で宇宙がわかる
マーカス・チャウン　0622-G
極小の世界を扱う量子論と極大の世界を扱う相対性理論。二つの理論を分かり易く紹介し、宇宙を論じる！

先端技術が応える！　中高年の目の悩み
横井則彦　0623-I
目の違和感やドライアイ、白内障、結膜弛緩症など、気になる症状とその最新治療法を専門医が紹介する。

科学と宗教と死
加賀乙彦　0624-C
医師、作家、そして信仰の徒として人間の生と死に向き合い続けてきた著者。深くて温かい思索の集大成。

犠牲のシステム　福島・沖縄
高橋哲哉　0625-C
原発と沖縄を思想的な問題として論じた一冊。ベストセラー『靖国問題』の著者による待望の書き下ろし。

笑う、避難所〈ノンフィクション〉
頓所直人／写真・名越啓介　0626-N
石巻の勤労者余暇活用センター・明友館は認定を受けない自主避難所だった。避難民一三六人の闘いを記録。

ローマ人に学ぶ
本村凌二　0627-D
過酷な状況を打開しながら大帝国を築いたローマ人たちの史実を、古代ローマ史の第一人者が活写した一冊。

福島第一原発―真相と展望
アーニー・ガンダーセン　0628-B
地震直後にメルトダウンやレベル7をいち早く指摘した原発のエキスパートが今後の日本を鋭く分析する。

帝国ホテルの流儀
犬丸一郎　0629-A
マリリン・モンローをはじめ多くのVIPを魅了したサービスとおもてなしの極意を伝説の経営者が語る。

没落する文明
萱野稔人／神里達博　0630-B
3・11が突きつけたのは近代文明の限界。天災・技術・エネルギーと政治経済の関係を人類史的に読み解く。

我関わる、ゆえに我あり
松井孝典　0631-G
地球を俯瞰すれば人間が分かる―。惑星物理学の第一人者が宇宙からの視点で人間が抱える緊急課題を解明。